LETTRES

SUR LES OUVRAGES

ET

LE CARACTERE

DE

J. J. ROUSSEAU.

DERNIERE EDITION,

*Augmentée d'une Lettre de Mme la Comtesse
ALEXANDRE DE VASSY, & d'une
Réponse de Mme la Baronne DE STAEL.*

Vous qui de ses écrits savez goûter les charmes,
Vous tous, qui lui devez des leçons & des larmes,
Pour prix de ces leçons & de ses pleurs si doux,
Cœurs sensibles, venez : je le confie à vous.

L'abbé DE LILLE.

1789.

PRÉFACE.

Je ne connois point d'éloge de Rousseau : j'ai senti le besoin de voir mon admiration exprimée. J'aurois souhaité sans doute qu'un autre eût peint ce que j'éprouve; mais j'ai goûté quelque plaisir encore en me retraçant à moi-même le souvenir & l'impression de mon enthousiasme. J'ai pensé que si les hommes de génie ne pouvoient être jugés que par un petit nombre d'esprits supérieurs, ils devoient accepter tous les tributs de reconnoissance. Les ouvrages dont le bonheur du genre humain est le but, placent leurs auteurs au rang de ceux que leurs actions immortalisent; & quand on n'a pas vécu de leur temps, on peut être impatient de s'acquitter envers leur ombre, & de déposer sur leur tombe l'hommage que le sentiment de sa foiblesse même ne doit pas empêcher d'offrir.

Peut-être ceux dont l'indulgence daignera présager quelque talent en moi, me reprocheront-ils de m'être hâtée de traiter un sujet au-dessus même des forces que je pouvois espérer un jour. Mais qui fait fi le temps ne nous ôte pas plus qu'il ne nous donne? Qui peut ofer prévoir les progrès de fon efprit? Comment confentir à s'attendre, & renvoyer à l'époque d'un avenir incertain l'expreffion d'un fentiment qui nous preffe? Le temps fans doute détrompe des illufions; mais il porte quelquefois atteinte à la vérité même, & fa main deftructrice ne s'arrête pas toujours à l'erreur. N'eft-ce pas auffi dans la jeuneffe qu'on doit à Rouffeau le plus de reconnoiffance? Celui qui a fu faire une paffion de la vertu, qui a confacré l'éloquence à la morale, & perfuadé par l'enthoufiafme, s'eft fervi des qualités & des défauts mêmes de cet âge pour fe rendre maître de lui.

LETTRES
SUR LES OUVRAGES
ET
LE CARACTERE
DE
J. J. ROUSSEAU.

LETTRE PREMIERE.

Du style de Rousseau, & de ses premiers discours sur les sciences, l'inégalité des conditions & les dangers des spectacles.

C'est à l'âge de quarante ans que Rousseau composa son premier ouvrage; il falloit que son cœur & son esprit fussent calmés, pour qu'il pût se consacrer au travail: & tandis que la plupart des hommes ont besoin de saisir cette première flamme de la jeunesse, pour suppléer à la véritable chaleur, l'ame de Rousseau étoit consumée par un feu qui le dévora long-temps avant de l'éclairer:

A

Des idées fans nombre le dominoient tour-à-tour; il n'en pouvoit fuivre aucune, parce qu'elles l'entraînoient toutes également. Il appartenoit trop aux objets extérieurs pour rentrer en lui-même; il fentoit trop pour penfer; il ne favoit pas vivre & réfléchir à la fois. Rouffeau s'eft donc voué à la méditation, quand les événemens de la vie ont eu moins d'empire fur lui, & lorfque fon ame, fans objet de paffion, a pu s'enflammer toute entière pour des idées & des fentimens abftraits. Il ne travailloit ni avec rapidité, ni avec facilité; mais c'étoit parce qu'il lui falloit pour choifir entre toutes fes penfées, le temps & les efforts que les hommes médiocres emploient à tâcher d'en avoir: d'ailleurs fes fentimens font fi profonds, fes idées fi vaftes, qu'on fouhaite à fon génie cette marche augufte & lente : le débrouillement du chaos, la création du monde, fe peint à la penfée comme l'ouvrage d'une longue fuite d'années, & la puiffance de fon auteur n'en paroît que plus impofante.

Le premier fujet que Rouffeau a traité, c'eft la queftion fur l'utilité des fciences & des arts. L'opinion qu'il a foutenue eft certainement paradoxale; mais elle eft d'accord avec fes idées habituelles, & tous les ouvrages qu'il a donnés depuis, font comme le développement du fyftême dont ce difcours eft le premier germe. On a trouvé dans tous ſes écrits la paſſion de la nature, & la haîne pour ce que les hommes y ont ajouté : il ſemble que pour s'expliquer le mélange du bien & du mal, il l'avoit ainſi diſtribué. Il vouloit ramener les hommes à une ſorte d'état, dont l'âge d'or de la ole donne ſeul l'idée, également éloigné des inconvéniens de la barbarie & de ceux de la civiliſation. Ce projet ſans doute eſt une chimère; mais les alchymiſtes, en cherchant la pierre philoſophale, ont découvert des ſecrets vraiment utiles. Rouſſeau, de même, en s'efforçant d'atteindre à la connoiſſance de la félicité parfaite, a trouvé ſur ſa route pluſieurs vérités importantes. Peut-être en s'occupant de la queſtion ſur l'utilité des ſciences & des arts, n'a-t-il pas aſſez obſervé tous les côtés de l'objet qu'il traitoit ; peut-être a-t-il trop ſouvent lié les arts aux ſciences, tandis que les effets des uns & des autres diffèrent entièrement. Peut-être, en parlant de la décadence des empires, ſuite naturelle des révolutions politiques, a-t-il eu tort de regarder le progrès des ſciences comme une cauſe, tandis qu'il n'étoit qu'un événement contemporain : peut-être n'a-t-il pas aſſez diſtingué dans ce diſcours la félicité des hommes, de la proſpérité des empires ; car, quand il ſeroit vrai que l'amour des connoiſſances auroit diſtrait les peuples guerriers de la paſſion des armes, le bonheur du genre humain n'y auroit pas perdu.

A 2

Peut-être enfin , avant de décider cette queſtion, falloit-il mieux balancer les inconvéniens & les avantages des deux partis. C'eſt la ſeule manière de parvenir à la vérité. Les idées morales ne ſont jamais aſſez préciſes pour ne pas offrir des reſ-ſources à la controverſe : le bien & le mal ſe trouvent par-tout; & celui qui ne ſe ſerviroit pas de la faculté de comparer & d'additionner, pour ainſi dire, l'un & l'autre , ſe tromperoit, ou reſ-teroit ſans ceſſe dans l'incertitude. C'eſt à la rai-ſon plutôt qu'à l'éloquence qu'il appartient de concilier des opinions contraires : l'eſprit montre une puiſſance plus grande, lorſqu'il ſait ſe rete-nir, ſe tranſporter d'une idée à l'autre. Mais il me ſemble que l'ame n'a toute ſa force qu'en s'abandonnant, & je ne connois qu'un homme qui ait ſu joindre la chaleur à la modération , ſoutenir avec éloquence des opinions également éloignées de tous les extrêmes, & faire éprouver pour la raiſon la paſſion qu'on n'avoit juſqu'alors inſpirée que pour les ſyſtêmes.

Le ſecond diſcours de Rouſſeau traite de l'ori-gine de l'inégalité des conditions: c'eſt peut-être de tous ſes ouvrages, celui où il a mis le plus d'idées. C'eſt un grand effort du génie de ſe reporter ainſi aux ſimples combinaiſons de l'inſ-tinct naturel. Les hommes ordinaires ne con-çoivent pas ce qui eſt au-deſſus ni au-deſſous

d'eux; ils reftent fixés à leur horifon. On voit
à chaque page, combien Roufſeau regrette la vie
fauvage : il avoit fon genre de mifanthropie; ce
n'étoit pas les hommes, mais leurs inſtitutions
qu'il haïſſoit : il vouloit prouver que tout étoit
bien en fortant des mains du créateur; mais
peut-être devoit-il avouer que cette ardeur de
connoître & de favoir, étoit auſſi un ſentiment
naturel, don du ciel, comme toutes les autres
facultés des hommes; moyens de bonheur, lorfqu'elles font exercées; tourment, quand elles
font condamnées au repos : c'eſt en vain qu'après
avoir tout connu, tout fenti, tout éprouvé, il
s'écrie : « N'allez pas plus avant; je reviens, & je
» n'ai rien vu qui valût la peine du voyage. »
Chaque homme veut être à fon tour détrompé,
& jamais les defirs ne furent calmés par l'expérience des autres. Il eſt remarquable qu'un des
hommes les plus ſenſibles & les plus diſtingués,
par ſes connoiſſances & fon génie, ait voulu
réduire l'efprit & le cœur humain à un état prefque
femblable à l'abrutiſſement; mais c'eſt qu'il avoit
fenti plus qu'un autre toutes les peines que ces
avantages, portés à l'excès, peuvent faire éprouver. C'eſt peut-être aux dépens du bonheur qu'on
obtient ces fuccès extraordinaires, dus à des
talens fublimes. La nature, épuifée par ces fu-
perbes dons, refufe fouvent aux grands-hommes

A 3

les qualités qui peuvent rendre heureux. Qu'il
eſt cruel de leur accorder avec tant de peine, de
leur envier avec tant de fureur cette gloire, ſeule
jouiſſance qu'il ſoit peut-être en leur pouvoir de
goûter !

Mais avec quelle fineſſe Rouſſeau ſuit les progrès des idées des hommes ! comme il inſpire
de l'admiration pour les premiers pas de l'eſprit
humain, & de l'étonnement pour le concours de
circonſtances qui pût les lui faire faire ! comme
il trace la route de la penſée, compoſe ſon hiſtoire, & fait un effort d'imagination intellectuelle,
de création abſtraite au-deſſus de toutes les inven-
tions d'événemens & d'images dont les poëtes
nous ont donné l'idée ! comme il fait, au milieu
de ces ſyſtêmes, exagérés peut-être, inſpirer de
juſtes ſentimens de haine pour le vice, & d'amour
pour la vertu ! Il eſt vrai, ſes idées poſitives,
comme celles de Monteſquieu, ne montrent pas
à la fois le mal & le remède, le but & les moyens ;
il ne ſe charge pas d'apprendre à exécuter ſa
penſée ; mais il agit ſur l'ame, & remonte ainſi
plus haut à la première ſource. On a ſouvent
vanté la perfection du ſtyle de Rouſſeau ; je ne
ſais pas ſi c'eſt là préciſément l'éloge qu'il faut
lui donner : la perfection ſemble conſiſter, plus
encore dans l'abſence des défauts, que dans l'exiſtence de grandes beautés ; dans la meſure, que

dans l'abandon ; dans ce qu'on est toujours, que dans ce qu'on se montre quelquefois ; enfin la perfection donne l'idée de la proportion plutôt que de la grandeur. Mais Rousseau s'élève & s'abaisse tour-à-tour ; il est tantôt au-dessous, tantôt au-dessus de la perfection même ; il rassemble toute sa chaleur dans un centre, & réunit pour brûler, tous les rayons qui n'eussent fait qu'éclairer, s'ils étoient restés épars. A ! si l'homme n'a jamais qu'une certaine mesure de force, j'aime mieux celui qui les emploie toutes à la fois ; qu'il s'épuise s'il le faut, qu'il me laisse retomber, pourvu qu'il m'ait une fois élevé jusqu'aux cieux. Cependant Rousseau, joignant à la chaleur & au génie, ce qu'on appelle précisément de l'esprit, cette faculté de saisir des rapports fins & éloignés, qui, sans reculer les bornes de la pensée, trace de nouvelles routes dans les pays qu'elle a déjà parcourus ; qui, sans donner du mouvement au style, l'anime cependant par des contrastes & des oppositions ; Rousseau remplit souvent, par des pensées ingénieuses, les intervalles de son éloquence, & retient ainsi toujours l'attention & l'intérêt des lecteurs. Une grande propriété de termes, une simplicité remarquable dans la construction grammaticale de sa phrase, donnent à son style une clarté parfaite : son expression rend fidellement sa pensée ; mais le charme de son

A 4

expreſſion, c'eſt à ſon ame qu'il le doit. M. de
Buffon colore ſon ſtyle par ſon imagination ;
Rouſſeau l'anime par ſon caractère : l'un choiſit
les expreſſions, elles échappent à l'autre. L'éloquence de M. de Buffon ne peut appartenir qu'à
un homme de génie ; la paſſion pourroit élever
à celle de Rouſſeau. Mais quel plus bel éloge peut-
on lui donner, que de lui trouver, preſque toujours & ſur tant de ſujets, la chaleur que le
tranſport de l'amour, de la haine ou d'autres
paſſions peuvent inſpirer, une fois dans la vie,
à celui qui les reſſent ? Son ſtyle n'eſt pas con-
tinuellement harmonieux ; mais dans les morceaux
inſpirés par ſon ame, on trouve, non cette har-
monie imitative dont les poètes ont fait uſage,
non cette ſuite de mots ſonores, qui plairoit à
ceux même qui n'en comprendroient pas le ſens ;
mais, s'il eſt permis de le dire, une ſorte d'har-
monie naturelle, accent de la paſſion, & s'accor-
dant avec elle, comme un air parfait avec les
paroles qu'il exprime. Il a le tort de ſe ſervir
ſouvent d'expreſſions de mauvais goût ; mais on
voit au moins, par l'affectation avec laquelle il
les emploie, qu'il connoît bien les critiques qu'on
peut en faire : il ſe pique de forcer ſes lecteurs à
les approuver ; & peut-être auſſi que par une ſorte
d'eſprit républicain, il ne veut point reconnoître
qu'il exiſte des termes bas ou relevés, des rangs

même entre les mots ; mais s'il hafarde des expreffions que le goût rejetteroit, comme il a fu fe le
concilier par des morçeaux entiers, parfaits fous
tous les rapports, celui qui s'affranchit des règles,
après avoir fu fi bien s'y foumettre, prouve au
moins qu'il ne les blâme pas par impuiffance de
les fuivre.

Un des difcours de Rouffeau qui m'a le plus
frappé, c'eft fa lettre contre l'établiffement des
fpectacles à Genève. Il y a une réunion étonnante
de moyens de perfuafion, la logique & l'éloquence,
la paffion & la raifon. Jamais Rouffeau ne s'eft
montré avec autant de dignité ; l'amour de la
patrie, l'enthoufiafme de la liberté, l'attachement
à la morale, guident & animent fa penfée. La
caufe qu'il foutient, fur-tout appliquée à Genève,
eft parfaitement jufte ; tout l'efprit qu'il met quelquefois à foutenir un paradoxe, eft confacré dans
cet ouvrage à appuyer la vérité ; aucun de fes
efforts n'eft perdu, aucun de fes mouvemens ne
porte à faux ; il a toutes les idées que fon fujet peut
faire naître, toute l'élévation, la chaleur qu'il doit
exciter : c'eft dans cet ouvrage qu'il établit fon opinion fur les avantages qui doivent réfulter pour les
hommes & les femmes, de ne pas fe voir fouvent en
fociété : fans doute dans une république cet ufage
eft préférable. L'amour de la patrie eft un mobile
fi puiffant, qu'il rend les hommes indifférens,

même à ce que nous appellons la gloire : mais
dans les pays où le pouvoir de l'opinion affranchit
feul de la puiffance du maître, les applaudiffe-
mens & les fuffrages des femmes deviennent un
motif de plus d'émulation dont il eft important
de conferver l'influence. Dans les républiques,
il faut que les hommes gardent jufqu'à leurs défauts mêmes ; leur âpreté, leur rudeffe, fortifient
en eux la paffion de la liberté. Mais ces mêmes
défauts dans un royaume abfolu rendroient feulement tyrans tous ceux qui pourroient exercer
quelque pouvoir. D'ailleurs je hafarderai de dire
que dans une monarchie, les femmes confervent
peut-être plus de fentiment d'indépendance & de
fierté que les hommes : la forme des gouvernemens ne les atteint point ; leur efclavage toujours
domeftique eft égal dans tous les pays : leur nature
n'eft donc pas dégradée, même dans les états
defpotes ; mais les hommes, créés pour la liberté
civile, quand ils s'en font ravi l'ufage, fe fentent
avilis & tombent fouvent alors au-deffous d'eux-
mêmes. Quoique Rouffeau ait tâché d'empêcher
les femmes de fe mêler des affaires publiques,
de jouer un rôle éclatant, qu'il a fu leur plaire
en parlant d'elles ! ah ! s'il a voulu les priver de
quelques droits étrangers à leur fexe, comme il
leur a rendu tous ceux qui lui appartiennent à
jamais ! s'il a voulu diminuer leur influence fur les

délibérations des hommes, comme il a confacré
l'empire qu'elles ont fur leur bonheur ! s'il les
a fait defcendre d'un trône ufurpé, comme il les
a replacées fur celui que la nature leur a deftiné !
s'il s'indigne contre elles, lorfqu'elles veulent reffembler aux hommes, combien il les adore, quand
elles fe préfentent à lui avec les charmes, les
foibleffes, les vertus & les torts de leur fexe !
enfin, il croit à l'amour ; fa grace eft obtenue :
qu'importe aux femmes que fa raifon leur difpute
l'empire, quand fon cœur leur eft foumis ; qu'importe même à celles que la nature a douées d'une
ame tendre, qu'on leur raviffe le faux honneur
de gouverner celui qu'elles aiment ? non, elles
préfèrent de fentir fa fupériorité, de l'admirer,
de le croire mille fois au-deffus d'elles, de dépendre de lui ; parce qu'elles l'adorent ; de fe
foumettre volontairement, d'abaiffer tout à fes
pieds, d'en donner elles-mêmes l'exemple, & de
ne demander d'autre retour que celui du cœur,
dont en aimant, elles fe font rendues dignes. Cependant le feul tort qu'au nom des femmes je
reprocherois à Rouffeau, c'eft d'avoir avancé,
dans une note de fa lettre fur les fpectacles,
qu'elles ne font jamais capables des ouvrages qu'il
faut écrire avec de l'ame ou de la paffion. Qu'il
leur refufe, s'il le veut, ces vains talens litté-
raires, qui, loin de les faire aimer des hommes,

les mettent en lutte avec eux ; qu'il leur refufe cette puiffante force de tête, cette profonde faculté d'attention dont les grands génies font doués : leurs foibles organes s'y oppofent, & leur cœur, trop fouvent occupé par leurs fentimens & par leur malheur, s'empare fans ceffe de leur penfée, & ne la laiffe pas fe fixer fur des méditations étrangères à leur idée dominante ; mais qu'il ne les accufe pas de ne pouvoir écrire que froidement, de ne favoir pas même peindre l'amour. C'eft par l'ame, l'ame feule qu'elles font diftinguées ; c'eft elle qui donne du mouvement à leur efprit, c'eft elle qui leur fait trouver quelque charme dans une deftinée, dont les fentimens font les feuls événemens, & les affections les feuls intérêts ; c'eft elle qui les identifie au fort de ce qu'elles aiment, & leur compofe un bonheur dont l'unique fource eft la félicité des objets de leur tendreffe ; c'eft elle enfin qui leur tient lieu d'inftruction & d'expérience, & les rend dignes de fentir ce qu'elles font incapables de juger. Sapho, feule entre toutes les femmes, dit Rouffeau, a fu faire parler l'amour. Ah ! quand elles rougiroient d'employer ce langage brûlant, figne d'un délire infenfé, plutôt que d'une paffion profonde, elles fauroient du moins exprimer ce qu'elles éprouvent ; & cet abandon fublime, cette mélancolique douleur, ces fentimens tout puiffans, qui les font vivre & mourir, porteroient peut-être plus avant l'émotion dans le cœur des lecteurs, que tous les transports nés de l'imagination exaltée des poètes ou des amans.

LETTRE II.

D'Héloïse.

LA profondeur des pensées, l'énergie du style, font sur-tout le mérite & l'éclat des divers discours dont j'ai parlé dans ma lettre précédente; mais on y trouve auffi des mouvemens de sensibilité, qui caractérifent d'avance l'auteur d'Héloïfe. C'est avec plaifir que je me livre à me retracer l'effet que cet ouvrage a produit fur moi : je tâcherai fur-tout de me défendre d'un enthoufiafme qu'on pourroit attribuer à la difpofition de mon ame, plus qu'au talent de l'auteur. L'admiration véritable infpire le defir de faire partager ce qu'on éprouve ; on fe modère pour perfuader, on ralentit fes pas afin d'être fuivi. Je me tranfporterai donc à quelque diftance des impreffions que j'ai reçues, & j'écrirai fur Héloïfe, comme je le ferois, je crois, fi le temps avoit vieilli mon cœur.

Un roman peut être une peinture des mœurs & des ridicules du moment, ou un jeu de l'imagination, qui raffemble des événemens extraordinaires pour captiver l'intérêt de la curiosité, ou une grande idée morale mise en action & rendue dramatique : c'est dans cette dernière classe qu'il faut mettre Héloïse. Il paroît que le but de l'auteur étoit d'encourager au repentir, par l'exemple de la vertu de Julie, les femmes coupables de la même faute qu'elle. Je commence par admettre toutes les critiques que l'on peut faire sur ce plan. On dira qu'il est dangereux d'intéresser à Julie; que c'est répandre du charme sur le crime, & que le mal que ce roman peut faire aux jeunes filles encore innocentes, est plus certain que l'utilité dont il pourroit être à celles qui ne le sont plus. Cette critique est vraie. Je voudrois que Rousseau n'eût peint Julie coupable que par la passion de son cœur. Je vais plus loin; je pense que c'est pour les cœurs purs seuls qu'il faut écrire la morale; d'abord, peut-être perfectionne-t-elle plutôt qu'elle ne change, guide-t-elle plutôt qu'elle ne ramène; mais d'ailleurs, quand elle est destinée aux ames honnêtes, elle peut servir encore à celles qui ont cessé de l'être. Combien on fait rougir d'une grande faute, en peignant les remords & les malheurs que de plus légères doivent causer ! Il me semble aussi que l'indulgence est la seule vertu qu'il est dangereux de prêcher, quoiqu'il soit si utile de la pratiquer. Le crime, abstraitement, doit exciter l'indignation. La pitié ne peut naître que de l'intérêt qu'inspire le coupable ; l'austérité doit être dans la morale, & la bonté dans son application. J'avoue donc, avec les censeurs de Rousseau, que le sujet de Clarisse & de Grandisson est plus moral ; mais la véritable utilité d'un roman est dans son effet bien plus que dans son plan, dans les sentimens qu'il inspire, bien plus que dans les événemens qu'il raconte. Pardonnons à Rousseau, si, à la fin de cette lecture, on se sent plus animé d'amour pour la vertu, si l'on tient plus à ses devoirs, si les mœurs simples, la bienfaisance, la retraite, ont plus d'attraits pour nous. Cessons de condamner ce roman, si telle est l'impression qu'il laisse dans l'ame. Rousseau lui-même a paru penser que cet ouvrage étoit dangereux ; il a cru qu'il n'avoit écrit en lettres de feu que les amours de Julie, & que l'image de la vertu, du bonheur tranquille de madame de Wolmar, paroîtroit sans couleur auprès de ces tableaux brûlans. Il s'est trompé ; son talent de peindre se retrouve par-tout ; & dans ses fictions comme dans la vérité, les orages des passions & la paix de l'innocence agitent & calment successivement.

C'est un ouvrage de morale que Rousseau a eu intention d'écrire ; il a pris, pour le faire, la forme d'un roman : il a peint le sentiment, qui domine dans ce genre d'ouvrage ; mais s'il est

vrai qu'on ne peut émouvoir les hommes fans le
reffort d'une paffion; s'il eft vrai qu'il en eft peu
qui s'enflamment par la penfée, s'élèvent par fa
puiffance à l'enthoufiafme de la vertu, fans qu'aucun fentiment étranger à elle ait donné du charme
& de la vie à cet amour abftrait de la perfection;
fi le langage des anges ne fait plus effet fur les
hommes, un ange même ne devroit-il pas y renoncer ? s'il faut, pour ainfi dire, entraîner les
hommes à la vertu; fi leur imperfection force à
recourir, pour les intéreffer, à l'éloquence d'une
paffion, faut-il blâmer Rouffeau d'avoir choifi
l'amour ? Quel autre eût été plus près de la vertu
même ? Seroit-ce l'ambition ? Toujours la haine
& l'envie l'accompagnent : l'ardeur de la gloire ?
Ce fentiment n'eft pas fait pour tous les hommes,
il n'eft pas même entendu par ceux qui ne l'ont
jamais éprouvé. Quel théâtre & quel talent ne
faut-il pas à cette paffion ? à qui l'infpirer, fi ce
n'eft à ceux que rien ne peut empêcher de la
reffentir ? Que font les livres au petit nombre
d'hommes qui devancent l'efprit humain ? Non,
l'amour feul pouvoit intéreffer univerfellement,
remplir tous les cœurs, & fe proportionner à
leur énergie ; l'amour feul enfin pouvoit devenir
un mobile auffi puiffant qu'utile, lorfque Rouffeau le dirigeoit.

Peut-être que dans les premiers temps, les
hommes

hommes ne connoiffoient d'autres vertus que celles qui naiffent de l'amour. L'amour peut quelquefois donner toutes celles que la religion & la morale prefcrivent. L'origine eft moins célefte ; mais il feroit poffible de s'y méprendre : quand l'objet de fon culte eft vertueux, bientôt on le devient foi-même ; un fuffit pour qu'il y en ait deux. On eft vertueux quand on aime ce qu'on doit aimer ; involontairement on fait ce que le devoir ordonne : enfin, cet abandon de foi-même, ce mépris pour tout ce que la vanité fait rechercher, prépare l'ame à la vertu ; lorfque l'amour fera éteint, elle y régnera feule : quand on s'eft accoutumé à ne mettre de valeur à foi qu'à caufe d'un autre, quand on s'eft une fois entièrement détaché de foi, on ne peut plus s'y reprendre, & la pitié fuccède à l'amour. C'eft-là l'hiftoire la plus vraifemblable du cœur.

La bienfaifance & l'humanité, la douceur & la bonté, femblent auffi appartenir à l'amour. On s'intéreffe aux malheureux ; le cœur eft toujours difpofé à s'attendrir : il eft comme ces cordes tendues, qu'un fouffle fait réfonner. L'amant aimé eft à la fois étranger à l'envie, & indifférent aux injuftices des hommes ; leurs défauts ne l'irritent point, parce qu'ils ne le bleffent pas ; il les fupporte, parce qu'il ne les fent pas : fa penfée eft à fa maîtreffe ; fa vie eft dans fon cœur : le mal

B

qu'on lui fait ailleurs, il le pardonne, parce qu'il l'oublie ; il eſt généreux ſans effort. Loin de moi, cependant, de comparer cette vertu du moment avec la véritable, loin de moi ſur-tout de lui accorder la même eſtime. Mais, je le répète encore, puiſqu'il faut intéreſſer l'ame par les ſentimens pour fixer l'eſprit ſur les penſées, puiſqu'il faut mêler la paſſion à la vertu, pour forcer à les écouter toutes deux, eſt-ce Rouſſeau qu'il faut blâmer ? & l'imperfection des hommes ne lui faiſoit-il pas une loi des torts dont on le blâme ?

Je ſais qu'on lui reproche d'avoir peint un précepteur qui ſéduit la pupille qui lui étoit confiée ; mais j'avouerai que j'ai fait à peine cette réflexion en liſant la nouvelle Héloïſe. D'abord il me ſemble qu'on voit clairement que cette circonſtance n'a pas frappé Rouſſeau lui-même, qu'il l'a priſe de l'ancienne Héloïſe ; que toute la moralité de ſon roman eſt dans l'hiſtoire de Julie, & qu'il n'a ſongé à peindre Saint-Preux que comme le plus paſſionné des hommes. Son ouvrage eſt pour les femmes ; c'eſt pour elles qu'il eſt fait ; c'eſt à elles qu'il peut nuire ou ſervir. N'eſt-ce pas d'elles que dépend tout le ſort de l'amour ? Je conviens que ce roman pourroit égarer un homme dans la poſition de Saint-Preux : mais le danger d'un livre eſt dans l'expreſſion des ſentimens qui conviennent à

tous les hommes, bien plus que dans le récit d'un
concours d'événemens qui, ne se retrouvant peut-
être jamais, n'autorisera jamais perfonne. Saint-
Preux n'a point le langage ni les principes d'un
corrupteur ; Saint-Preux étoit rempli de ces idées
d'égalité que l'on retrouve encore en Suiffe ; Saint-
Preux étoit du même âge que Julie. Entraînés
l'un avec l'autre, ils fe rencontroient malgré eux :
Saint-Preux n'employoit d'autres armes que la
vérité & l'amour ; il n'attaquoit pas ; il fe montroit involontairement. Saint-Preux avoit aimé
avant de vouloir l'être; Saint-Preux avoit voulu
mourir, avant de rifquer de troubler la vie de
ce qu'il aimoit ; Saint-Preux combattoit fa paffion : c'eft-là la vertu des hommes ; celle des
femmes eft d'en triompher. Non, l'exemple de
Saint-Preux n'eft point immoral ; mais celui de
Julie pouvoit l'être. La fituation de Julie fe rapproche de toutes celles que le cœur fait naître ;
& le tableau de fes torts pourroit être dangereux,
fi fes remords & la fuite de fa vie n'en détrui-
foient pas l'effet ; fi dans ce roman la vertu n'étoit
pas peinte en traits auffi ineffaçables que l'amour.

Le tableau d'une paffion violente eft fans doute
dangereux ; mais l'indifférence & la légèreté avec
laquelle d'autres auteurs ont traité les principes,
fuppofent bien plus de corruption de mœurs,
& y contribuent davantage. Julie coupable infulte

moins à la vertu, que celle même qui la conferve
fans y mettre de prix, qui n'y manque pas par
calcul & l'obferve fans l'aimer. Si l'indulgence
étoit réfervée à l'excès de la paffion, l'exerceroit-
on fouvent? faudroit-il défefpérer du cœur qui
l'auroit éprouvé? Non, fon ame égarée pourroit
encore retrouver toute fon énergie; mais n'attendez
rien de celle qui s'eft dégoûtée de la vertu, qui
s'eft corrompue lentement ; tout ce qui arrive
par degré eft irremédiable.

Peut-être Rouffeau s'eft-il laiffé aller à l'impulfion de fon ame & de fon talent : il avoit le
befoin d'exprimer ce qu'il y a de plus violent au
monde, la paffion & la vertu en contrafte &
réunies. Mais voyez comme il a refpecté l'amour
conjugal ! peut-être que, fuivant le cours habituel de fes penfées, il a voulu attaquer, par
l'exemple des malheurs de Julie & de l'inflexible
orgueil de fon père, les préjugés & les inftitutions fociales. Mais comme il révère le lien auquel
la nature nous deftine ! comme il a voulu prouver
qu'il eft fait pour rendre heureux, qu'il peut
fuffire au cœur, lors même qu'il a connu d'autres
délices! Qui oferoit fe refufer à fa morale? Eft-il
étranger aux paffions? méconnoît-il leur empire?
a-t-il acquis le droit de parler aux ames tendres,
& de leur apprendre quels font les facrifices qui
font en leur puiffance? Qui oferoit répondre

qu'ils font impoffibles, lorfque Rouffeau nous
apprend que la plus paffionnée des femmes, que
Julie en a été capable; qu'elle a pu trouver le
bonheur dans l'accompliffement de fes devoirs,
& ne s'en eft plus écartée jufqu'au dernier moment
de fa vie? On fe croit difpenfé de reffembler aux
héroïnes parfaites; on auroit honté de n'avoir pas
même les vertus d'une femme coupable.

Nos ufages retiennent les jeunes filles dans les
couvens. Il n'eft pas même à craindre que ce
roman les éloigne des mariages de convenance.
Elles ne dépendent jamais d'elles; tout ce qui
les environne s'occupe à défendre leur cœur
d'impreffions fenfibles; la vertu, & fouvent auffi
l'ambition de leurs parens, veillent fur elles. Les
hommes mêmes, bizarres dans leurs principes,
attendent qu'elles foient mariées pour leur parler
d'amour. Tout change autour d'elles à cette
époque; on ne cherche pas à leur exalter la tête
par des fentimens romanefques, mais à leur flétrir
le cœur par de froides plaifanteries fur tout ce
qu'elles avoient appris à refpecter. C'eft alors
qu'elles doivent lire Héloïfe; elles fentiront d'a-
bord en lifant les lettres de Saint-Preux, combien
ceux qui les environnent font loin du crime même
de les aimer; elles verront enfuite combien le
nœud du mariage eft facré; elles apprendront à
connoître l'importance de fes devoirs, le bon-

B 3

heur qu'ils peuvent donner, lors même que le fentiment ne leur prête point ces charmes. Qui jamais l'a fenti plus profondément que Rouffeau? quelle preuve plus frappante pouvoit-il en offrir?

S'il eût peint deux amans que la deftinée auroit réunis, dont toute la vie feroit compofée de jours dont l'attente d'un feul eût autrefois fuffi pour embellir un long efpace de l'année; qui, faifant enfemble la route de la vie, feroient indifférens fur les pays qu'ils parcourroient; qui adoreroient dans leur enfant une image chérie; un être dans lequel leurs ames fe font réunies, leurs vies fe font confondues; qui accompliroient tous leurs devoirs comme s'ils cédoient à tous leurs mouvemens; pour qui le charme de la vertu fe feroit joint à l'attrait de l'amour, la volupté du cœur aux charmes de l'innocence : la piété attacheroit encore ces deux époux l'un à l'autre; enfemble ils remercieroient l'Etre fuprême. Le bonheur permet-il d'être athée? Il eft des bienfaits fi grands, qu'ils donnent le befoin de la reconnoiffance; il eft des bienfaits dont il feroit fi cruel de ne pas jouir toujours, que le cœur cherche à fe repofer fur des efpérances fenfibles : le hafard eft une idée trop aride, qui n'a jamais pu raffurer une ame tendre. Ce ne feroit plus comme autrefois, par un lien fecret, inconnu, qu'ils tiendroient l'un à l'autre; c'eft à la face des hommes, c'eft

devant Dieu qu'ils auroient formé ce nœud que
rien ne pourroit plus rompre ; leur nom, leurs
enfans, leur demeure, tout leur rappelleroit leur
bonheur, tout leur annonceroit sa durée ; chaque
instant feroit naître une nouvelle jouissance. Que
de détails de bonheur dans une union intime !
Ah ! si, pour nous faire adorer ce lien respecta-
ble, Rousseau nous eût peint une telle union, sa
tâche eût été facile ; mais est-ce la vertu qu'il
eût prêchée? est-ce une leçon qu'il eût donnée ?
auroit-il été utile aux hommes, en excitant l'envie
des malheureux, en n'apprenant aux heureux
que ce qu'ils savent ? Non, c'est un plan plus
moral qu'il a suivi.

Il a peint une femme mariée malgré elle, ne
tenant à son époux que par l'estime, portant au
fond du cœur & le souvenir d'un autre bonheur,
& l'amour d'un autre objet ; passant sa vie entière,
non dans ce tourbillon du monde, qui peut faire
oublier & son époux & son amant ; qui ne permet
à aucune pensée, à aucun sentiment de dominer
en nous ; éteint toutes les passions, & rétablit le
calme par la confusion, & le repos par l'agitation ;
mais dans une retraite absolue, seule avec M. de
Wolmar, à la campagne, près de la Nature, &
disposée par elle à tous les sentimens du cœur
qu'elle inspire ou retrace. C'est dans cette situation
que Rousseau nous peint Julie, se faisant par la

vertu une félicité à elle ; heureuse par le bonheur
qu'elle donne à son époux, heureuse par l'éducation qu'elle destine à ses enfans, heureuse par
l'effet de son exemple sur ce qui l'entoure, heureuse par les consolations qu'elle trouve dans sa
confiance en son Dieu. C'est un autre bonheur
sans doute que celui que je viens de peindre ;
il est plus mélancolique ; on peut le goûter &
verser encore quelquefois des larmes : mais c'est
un bonheur plus fait pour des êtres passagers sur
la terre qu'ils habitent ; on en jouit, sans le
regretter quand on le perd ; c'est un bonheur
habituel, qu'on possède tout entier, sans que la
réflexion ni la crainte lui ôtent rien ; un bonheur,
enfin, dans lequel les ames pieuses trouvent toutes
les délices que l'amour promet aux autres : c'est
ce sentiment si pur, peint avec tant de charmes,
qui rend ce roman moral ; c'est ce sentiment qui
en eût fait le plus moral de tous, si Julie nous
eût offert en tout temps, non, comme disent les
anciens, le spectacle de la vertu aux prises avec
le malheur, mais avec la passion, bien plus terrible encore, & si cette vertu pure & sans tache
n'eût pas perdu de son charme en ressemblant au
repentir.

Je sais aussi que l'impression du tableau de la vie
domestique de madame de Wolmar, pourroit être
détruite par le reproche qu'on lui fait d'avoir con-

senti à se marier : mais malheur à celle qui se croiroit
le courage de ne pas l'imiter ! les droits, les vo-
lontés d'un père peuvent être oubliés loin de lui ;
la passion présente efface tous les souvenirs ; mais
un père à genoux plaidant lui-même sa cause ; sa
puissance, augmentée par sa dépendance volontaire ; son malheur, en opposition avec le nôtre ;
la prière, lorsqu'on attendoit la force, qui peut
résister à ce spectacle ? il suspend l'amour même.
Un père qui parle comme un ami, qui émeut à la
fois le cœur & la nature, est souverain de l'ame,
& peut tout obtenir. Il reste encore à justifier Julie
de ne pas avoir avoué sa faute à M. de Wolmar. La
révéler avant son mariage, c'étoit tenter un moyen
sûr de le rendre impossible ; c'étoit tromper son
père. Après qu'un lien indissoluble l'eût attaché à
M. de Wolmar, c'étoit risquer le bonheur de son
époux, que de lui faire perdre l'estime qu'il avoit
pour elle. Je ne sais pas si le sacrifice de sa délica-
tesse, même au repos d'un autre, n'est pas digne
d'une grande admiration ; les vertus qui ne diffèrent
pas des vices aux yeux des hommes, sont les plus
difficiles à exercer. Se confier dans la pureté de
ses intentions ; s'élever au-dessus de l'opinion ;
n'est-ce pas là le caractère d'un amour désintéressé
pour ce qui est bien ? Cependant, comme j'aime-
rois le mouvement qui porteroit à tout avouer ! je
le retrouve avec plaisir dans Julie, & j'applaudis à

Rousseau, qui a pensé que ce n'étoit pas assez d'op-
poser dans la même personne la réflexion au penchant; mais qu'il falloit encore que ce fût un autre,
que ce fût Claire qui se chargeât de détourner Julie
de découvrir sa faute à M. de Wolmar, afin que
Julie conservât tout le charme de l'abandon &
parût plutôt arrêtée, que capable de se retenir.
Quelle que soit sur ce point l'opinion générale, au
moins il est vrai que quand Rousseau se trompe,
c'est presque toujours en s'attachant à une idée
morale, plutôt qu'à une autre : c'est entre les vertus
qu'il choisit, & la préférence qu'il donne, peut
seule être attaquée ou défendue.

Mais comment admirer assez l'éloquence & le
talent de Rousseau ? Quel ouvrage que ce roman !
quelles idées sur tous les sujets sont éparses dans ce
livre ! il paroît que Rousseau n'avoit pas l'imagination qui fait inventer une succession d'événemens
nouveaux ; mais combien les sentimens & les pensées suppléent à la variété des situations ! ce n'est
plus un roman, ce sont des lettres sur des sujets
différens ; on y découvre celui qui doit faire Emile
& le contrat social : c'est ainsi que les Lettres Per-
sannes annoncent l'Esprit des lois. Plusieurs écrivains célèbres ont mis de même dans leur premier
ouvrage le germe de tous les autres. On commence
par penser sur tout, on parcourt tous les objets,
avant de s'assujettir à un plan, avant de suivre

une route : dans la jeuneſſe les idées viennent en
foule : on a peut-être dès-lors toutes celles qu'on
aura ; mais elles ſont encore confuſes : on les met
en ordre enſuite , & leur nombre augmente aux
yeux des autres ; on les domine , on les ſoumet à
la raiſon , & leur puiſſance devient en effet plus
grande.

Quelle belle lettre pour & contre le ſuicide !
quel puiſſant argument de métaphyſique & de
penſée ! celle qui condamne le ſuicide eſt inférieure
à celle qui le défend, ſoit que l'horreur naturelle
& l'inſtinct de la conſcience faſſent la force de cette
ſage opinion , plus que le raiſonnement même; ſoit
que Rouſſeau ſe ſentît né pour être malheureux, &
craignît de s'ôter ſa dernière reſſource en ſe perſua-
dant lui-même.

Quelle lettre ſur le duel ! comme il a combattu
ce préjugé en homme d'honneur ! comme il a reſ-
pecté le courage ! comme il a ſenti qu'il falloit en
être enthouſiaſte , pour avoir le droit de le blâmer,
& lui parler à genoux pour pouvoir l'arrêter ! c'eſt
Julie , je le ſais , qui écrit cette lettre ; mais c'eſt
le tort de Rouſſeau , comme auteur de roman,
c'eſt ſon mérite , comme écrivain penſeur, de
faire parler toujours Julie comme s'il eût parlé
lui-même.

Je l'avouerai cependant, ſouvent je n'aime pas
à reconnoître Rouſſeau dans Julie , je voudrois y

trouver les idées , mais non le caractère d'un homme. La convenance, la modeftie d'une femme, d'une femme même coupable , y manquent dans plufieurs lettres : la pudeur furvit encore au crime , quand la paffion l'a fait commettre. Il me femble auffi que fes fermons continuels à Saint-Preux font déplacés ; une femme coupable peut encore aimer la vertu ; mais il ne lui eft plus permis de la prê-cher : c'eft avec un fentiment de trifteffe & de regret que ce mot doit fortir de fa bouche. Je ne retran-cherois rien à la morale de Julie ; mais je voudrois qu'elle fe l'adreffât à elle-même , & que le fpectacle de fon repentir fût le feul moyen qu'elle crût avoir le droit d'employer pour ramener fon amant à la vertu. Je ne puis fupporter le ton de fupériorité qu'elle conferve avec Saint-Preux : une femme eft au-deffous de fon amant quand il l'a rendue coupable : les charmes de fon fexe lui reftent ; mais fes droits font perdus ; elle peut en-traîner, mais elle ne doit plus commander.

On a fouvent agité s'il étoit dans la nature que Julie facrifiât le feul rendez-vous qu'elle croyoit pouvoir donner à Saint-Preux, au defir d'obtenir le congé de Claude Anet. Je crois poffible qu'un acte de bienfaifance l'emporte dans fon cœur, fur le bonheur de voir fon amant ; il peut être dans la nature de ne pas être arrêté par le premier des devoirs , & de céder à la pitié ; c'eft un mouve-

ment qui tient de la paſſion , qui agit comme elle
à l'inſtant & directement ſur le cœur ; il lutte avec
plus de ſuccès contre elle , que les plus importantes
réflexions ſur l'honneur & la vertu. Mais je trouve
quelquefois dans cet ouvrage des idées bizarres en
ſenſibilité , & je crois qu'elles viennent toutes de
la tête , car le cœur ne peut plus rien inventer : il
peut ſe ſervir d'expreſſions nouvelles ; mais tous
ſes mouvemens , pour être vrais , doivent être
connus ; car c'eſt par-là que tous les hommes ſe
reſſemblent. Je ne puis ſupporter , par exemple ,
la méthode que Julie met quelquefois dans ſa paſſion ; enfin , tout ce qui , dans ſes lettres , ſemble
prouver qu'elle eſt encore maîtreſſe d'elle-même ,
& qu'elle prend d'avance la réſolution d'être coupable. Quand on renonce aux charmes de la vertu
il faut au moins avoir tous ceux que l'abandon du
cœur peut donner. Rouſſeau s'eſt trompé, s'il a cru,
ſuivant les règles ordinaires , que Julie paroîtroit
plus modeſte en ſe montrant moins paſſionnée ;
non : il falloit que l'excès même de cette paſſion
fût ſon excuſe , & ce n'eſt qu'en peignant la violence de ſon amour qu'il diminuoit l'immoralité de
la faute que l'amour lui faiſoit commettre.

Il me reſte encore une critique à faire : je me
hâte ; elles m'importunent. Les plaiſanteries de
Claire manquent à mes yeux , preſque toujours ,
de goût comme de grace : il faut , pour atteindre

à la perfection de ce genre, avoir acquis à Paris
cette efpèce d'inftinct qui rejette, fans s'en rendre
même raifon, tout ce que l'examen le plus fin
condamneroit; c'eft à fon propre tribunal qu'on
peut juger fi un fentiment eft vrai, fi une penfée eft jufte; mais il faut avoir une grande habitude de la fociété pour prévoir fûrement l'effet
d'une plaifanterie. D'ailleurs Rouffeau étoit l'homme
du monde le moins propre à écrire gaiement:
tout le frappoit profondément. Il attachoit les
plus grandes penfées aux plus petits événemens,
les fentimens les plus profonds, aux aventures les
plus indifférentes; & la gaieté fait le contraire.
Habituellement malheureux, celle du caractère lui
manquoit, & fon efprit n'étoit pas propre à y fuppléer: enfin, il eft tellement fait pour la paffion
& pour la douleur, que fa gaieté même conferve
toujours un caractère de contrainte; on s'apper-
çoit que c'eft avec effort qu'il y eft parvenu: il
n'en a pas la mefure, parce qu'il n'en a pas le
fentiment, & les nuages de la trifteffe obfcur-
ciffent, malgré lui, ce qu'il croit des rayons de
joie. Ah! qu'il pouvoit aifément renoncer à ce
genre, fi peu digne d'admiration! Quelle éloquence!
quel talent que le fien pour tranfmettre & communiquer les plus violens mouvemens de l'ame!

Des idées de deftin, de fort inévitable, de
courroux des dieux, diminuent l'intérêt de Phèdre

& de tous les amours peints par les anciens :
l'héroïfme & la galanterie chevalerefque, font le
charme de nos romans modernes ; mais le fentiment qui naît du libre penchant du cœur, le fentiment à la fois ardent & tendre, délicat & paf-
fionné, c'eft Rouffeau qui, le premier, a cru
qu'on pouvoit exprimer fes brûlantes agitations
c'eft Rouffeau qui, le premier, l'a prouvé.

Que le lieu de la fcène eft heureufement choifi !
La nature en Suiffe eft fi bien d'accord avec les
grandes paffions ! comme elle ajoute à l'effet de
la touchante fcène de la Meillerie ! comme les
tableaux que Rouffeau en fait font nouveaux ! qu'il
laiffe loin derrière lui ces idylles de Gefner, ces
prairies émaillées de fleurs, ces berceaux entre-
lacés de rofes ! comme l'on fent vivement que
le cœur feroit plus ému, s'ouvriroit plus à l'amour
près de ces rochers qui menacent les cieux, à
l'afpect de ce lac immenfe, au fond de ces forêts de cyprès, fur le bord de ces torrens rapides,
dans ce féjour qui femble fur les confins du
chaos, que dans ces lieux enchantés, fades comme
les bergers qui l'habitent !

Enfin, il eft une lettre moins vantée que les
autres, mais que je n'ai pu lire jamais fans un
attendriffement inexprimable : c'eft celle que Julie
écrit à Saint-Preux au moment de mourir : peut-
être n'eft-elle pas auffi touchante que je le penfe ;

fouvent un mot qui répond jufte à notre cœur, une fituation qui nous retrace ou des fouvenirs ou des chimères, nous fait illufion , & nous croyons que l'auteur eft la caufe de cet effet de fon ouvrage: mais Julie apprenant à Saint-Preux qu'elle n'a pu ceffer de l'aimer, Julie, que je croyois guérie, me montrant un cœur bleffé plus profondément que jamais ; ce fentiment de bonheur que la ceffation d'un long combat lui donne ; cet abandon que la mort autorife & que la mort va terminer; ces mots fi fombres & fi mélancoliques , *adieu pour jamais*, *adieu*, fe mélant aux expreffions d'un fentiment créé pour le bonheur de la vie ; cette certitude de mourir, qui donne à toutes fes paroles un caractère fi folemnel & fi vrai; cette idée dominante; cet objet qui l'occupe feul au moment où la plupart des hommes concentrent fur eux-mêmes ce qu'il leur refte de penfée; ce calme qu'à l'inftant de la mort le malheur donne encore plus fûrement que le courage ; chaque mot de cette lettre enfin ont rempli mon ame de la plus vive émotion. Ah ! qu'on voit avec peine la fin d'une lecture qui nous intéreffoit comme un événement de notre vie, & qui, fans troubler notre cœur, mettoit en mouvement tous nos fentimens & toutes nos penfées!

LETTRE

LETTRE III.

D'Emile.

JE vais maintenant parler de l'ouvrage qui a consacré la gloire de Rousseau; de celui que son nom d'abord nous rappelle, & qui confond l'envie, après l'avoir excitée. L'auteur d'Emile s'étoit fait connoître dans ses premiers écrits : avant même d'avoir élevé ce grand édifice, il en avoit montré la puissance; mais l'admiration, sentiment plus qu'involontaire, puisqu'on se plaît à y résister, n'auroit peut-être pas généralement accordé aux autres ouvrages de Rousseau, si, forcé de couronner Emile, il n'avoit pas fallu respecter partout la trace du talent qui sut ainsi se développer à nos yeux.

C'est un beau système que celui qui, recevant l'homme des mains de la nature, réunit toutes ses forces pour conserver en lui l'empreinte qu'il a reçue d'elle, & l'exposer au monde sans l'effacer. On répète souvent que dans la vie sociale, il est impossible, mais je ne sais pas pourquoi l'on n'a voulu trouver cette auguste empreinte que dans l'homme sauvage; ce n'est pas le progrès des lumières, ni l'ordre civil, c'est l'erreur & l'injustice qui nous éloignent de la nature :

C

l'homme feul ne peut atteindre à toutes les con-
noiffances des hommes réunis pendant plufieurs
fiècles. Mais le fil d'Ariane conduit depuis les
premiers pas jufqu'aux derniers : l'efprit jufte &
le cœur droit peuvent concevoir toutes les com-
binaifons néceffaires des devoirs & des penfées
de cette vie. On croit avoir jugé les idées de
Rouffeau , quand on a appellé fon livre un ouvrage
fyftématique: peut-être les bornes de l'efprit humain
ont-elles été affez reculées depuis un fiècle , pour
qu'on ait l'habitude de refpecter les penfées nouvelles ; mais ne feroit-il pas poffible même qu'il
vînt un temps où l'on fe fût tellement éloigné des
fentimens naturels , qu'ils paruffent une découverte ,
& où l'on eût befoin d'un homme de génie pour
revenir fur fes pas , & retrouver la route dont
les préjugés du monde auroient effacé la trace ?
c'eft ce fublime effort dont Rouffeau s'eft montré
coupable.

L'homme reçoit trois éducations , celle de la
nature , de fon précepteur & du monde. Rouffeau
a voulu confondre les deux premières ; il développe
les facultés de fon élève , comme fes forces phyfiques ,
avec le temps , fans ralentir ni hâter fa marche ;
il fait qu'il doit vivre parmi des hommes qui fe
font condamnés à une exiftence contraire aux idées
naturelles ; mais comme la loi de la néceffité eft
la première qu'il lui apprit à refpecter , il fupportera

les inftitutions fociales comme les accidens de la nature; & les jugemens droits, les fentimens fimples qu'on lui a infpirés guideront feulement fa conduite, & foutiendront fon ame. Qu'importe fi , fur le théâtre du monde, il eft acteur ou témoin? on ne le verra point troubler le fpectacle; & fi les illufions lui manquent, les plaifirs vrais lui refteront. On fe plaint des foins infinis que cette éducation exigeroit; fans doute dans un féjour peftiféré l'on fe défend avec peine de la contagion ; mais Emile enfant, s'élèveroit de lui-même dans une ville habitée par des Emiles. Mais quand la moitié de la vie feroit confacrée à affurer le bonheur de celle d'un autre, y a-t-il beaucoup d'hommes qui duffent regretter cet emploi de leur temps? Enfin, fi les femmes, s'élevant au-deffus de leur fort, ofoient prétendre à l'éducation des hommes; fi elles favoient dire ce qu'ils doivent faire; fi elles avoient le fentiment de leurs actions, quelle noble deftinée leur feroit réfervée!

Rouffeau veut qu'on développe les facultés avant d'apprendre les fciences : en effet, l'enfant dont l'efprit n'eft pas au niveau de la mémoire, retiendra ce qu'il n'entend pas, & cette habitude difpofe à l'erreur. J'ignore fi Rouffeau ne tarde pas trop le moment où l'étude doit être permife : il ne peut être fixé; les enfans différent entr'eux comme les hommes. Quel bon efprit on prépare à celui qui

n'adopta jamais que ce qu'il a compris ! Je le fais,
la jeuneſſe efface les erreurs de l'enfance & perd
les ſiennes à ſon tour ; mais celui qui, ſuivant ſon
âge, n'auroit jamais cru que la vérité arriveroit à
la principale époque de la vie avec un jugement
inaltérable ; & les idées morales, devenues pour
lui comme des propoſitions de géométrie, s'enchaî-
neroient dans ſa penſée depuis ſa naiſſance juſqu'à
ſa mort ; on ne le préſerveroit pas des mouvemens
des paſſions, mais on le garantiroit des excuſes
qu'elles cherchent : il pourroit être entraîné, mais
jamais égaré ; & s'il tomboit dans le précipice, il
s'y verroit au moins, & ſes yeux reſtés ouverts,
l'aideroient bientôt à s'en retirer lui-même. Que
j'aime cette éducation ſans ruſe & ſans deſpotiſme,
qui traite l'enfant comme un homme foible, &
non comme un être dépendant ! qui le force à
l'obéiſſance, non en le faiſant plier ſous la volonté
d'un gouverneur ou d'un père dont il ne connoîtroit
pas les droits, & dont il haïroit l'empire, mais ſous
la néceſſité muette, mais inflexible, ſous la néceſſité,
éternelle puiſſance qui le commandera quand ſes
maîtres ne pourront plus rien ſur lui ; pouvoir qui
n'avilit pas celui qui s'y ſoumet, & ne donne point
à un homme l'habitude d'obéir aux autres hommes.
L'enfance précède la vie ; qu'elle en ſoit le tableau
raccourci : le ſoir du jour, ſouillé par nos fautes,
un maître ſévère ne vient point nous impoſer des

punitions qui ne naiſſent point d'elles ; mais nos
amis s'éloignent , ſi nous les avons bleſſés ; mais
on ceſſe de nous croire , ſi nous avons trompé.
La ſeule ruſe permiſe avec les enfans , c'eſt de les
traiter comme des hommes ; de faire naître autour
d'eux l'expérience , en leur cachant le peu d'importance qu'on attache à leurs premiers torts,& le charme de leurs petites graces , préſage de l'empire que
d'autres ſéductions peuvent avoir un jour. Il eſt un
genre d'expérience toutefois qu'on doit retarder le
plus poſſible ; c'eſt la connoiſſance des vices des
hommes : il faut être bien fort pour braver l'exemple
& ſupporter l'injuſtice. Les enfans ne doivent
jamais éprouver les défauts de ceux qui les environnent. Que cette grande & dernière leçon ſoit
réſervée pour l'âge où l'on a déjà choiſi ſa route.
La vertu n'eſt pas comme la gloire, un but d'é-
mulation ; ceux qui prétendent à l'une, ne veulent
point d'égaux ; ceux qui cherchent l'autre , ralen-
tiſſent quelquefois leurs efforts, lorſqu'ils trouvent
des compagnons de pareſſe. Il faut être homme
pour apprendre ſans danger à connoître les hommes.
Il paroiſſoit difficile d'exciter les enfans à l'étude,
ſans employer les moyens ordinaires de l'éducation , ſans manquer au principe qui conſerve dans
l'enfant la dignité d'homme, en ne lui apprenant
ni à commander ni à obéir. Rouſſeau s'aſſure de
ſa docilité par la dépendance de ſa nature : elle

C 3

l'oblige à un échange de fervices, premier fon-
dement de toute fociété. Les connoiſſances ſont
nées du beſoin des hommes ; & depuis que tous
les ont acquiſes, elles ſont encore plus utiles à
chacun d'eux. On peut amener une circonſtance
qui en faſſe ſentir à l'enfant la néceſſité, & lui
inſpire aujourd'hui le deſir de cette même ſcience,
dont hier il eût fallu lui commander l'étude : mais,
dira-t-on, pourquoi ne le pas conduire par la
reconnoiſſance & par la tendreſſe ? Le premier
de ces ſentimens n'eſt pas conçu par un enfant ;
il n'unit point enſemble le préſent & le paſſé : le
ſecond doit naître de lui-même ; mais ſon action
ne développe ni le jugement ni la penſée : elle
n'a pas le même empire ſur tous ces jeunes cœurs,
& ne leur donne point l'idée de la vie, où des
relations de tous genres tirent leurs forces de la
raiſon & de la néceſſité. Rouſſeau ſe ſert pour l'enfance des reſſorts qui doivent mouvoir tous les
âges. Avec quel ſoin n'interdit-il pas ces motifs
d'émulation & de rivalité, qui préparent d'avance
les paſſions de la jeuneſſe ?

Emile n'eſt point un guerrier, un poëte, un
adminiſtrateur ; c'eſt un homme, l'homme que la
nature inſtruit de toutes les découvertes de la
ſociété : il voit plus loin que le ſauvage, mais
dans la même direction : il a ajouté des idées
juſtes ; mais une erreur ne peut entrer dans ſa

tête. Tout le monde a adopté le fyftême phyfique
d'éducation de Roufieau. Un fuccès certain n'a
point trouvé de contradiéteurs; fes idées morales
font fur le même modèle ; aucun lien importun
ne gêne les mouvemens des enfans; la contrainte
ne borne point leur liberté : Roufieau les exerce
par degrés ; il veut qu'ils faffent eux-mêmes tout
ce que leurs petites forces leur permettent; il ne
hâte point leur efprit ; il ne les fait pas arriver au
réfultat fans paffer par la route : enfin, fi la même
penfée avoit créé le monde phyfique & le monde
moral ; fi l'un étoit, pour ainfi dire, le relief
de l'autre, pourquoi fe refuferoit-on à trouver
dans l'enfemble du fyftême de Roufieau la preuve
de fa vérité ? Je ne fais pas fi je fuivrois entièrement pour mon fils la méthode de Roufieau ; peut-
être ma vanité voudroit-elle le former pour un
état déterminé, afin qu'il fût de bonne heure
avancé dans une carrière ; au moins je me dirois :
c'eft ainfi qu'on doit élever l'homme ; c'eft l'éducation de l'efpèce, plutôt que celle de l'individu.
Mais il faut l'étudier comme ces modèles de proportion, que les fculpteurs ont toujours devant
les yeux, quelques foient les ftatues qu'ils veulent
faire. C'eft l'éloquence de Roufieau qui ranima
le fentiment maternel, dans une certaine claffe de
la fociété ; il fit connoître aux mères ce devoir &
ce bonheur; il leur infpira le defir de ne céder

C 4

à personne les premières careffes de leurs enfans ;
il interdit autour d'eux les ferviles refpects des
valets, qui leur font fentir leur rang, en leur
montrant le contrafte de leur foibleffe & de leur
puiffance ; mais il permet les tendres foins d'une
mère : ils ne gâteront point l'enfant qui les reçoit :
être fervi rend tyran ; mais être aimé rend fenfible.
Qui, des mères ou des enfans, doit le plus de
reconnoiffance à Rouffeau ? Ah ! ce font les mères
fans doute : ne leur a-t-il pas appris, (comme
l'écrivoit une femme dont l'ame & l'efprit font
le charme de ceux qu'elle admet à la connoître)
« à retrouver dans leur enfant une feconde jeuneffe,
» dont l'efpérance recommence pour elles, quand
» la première s'évanouit ? » Ah ! tout n'eft pas
encore perdu pour la mère malheureufe dont les
fautes ou la deftinée ont empoifonné la vie ! ces
jours de douleur lui ont peut-être valu l'expérience, qui préfervera des mêmes peines le jeune
objet de fes foins & de fa tendreffe. Dans tous les
portraits de Rouffeau, on l'a peint couronnée par
des enfans. En effet, il a fu rendre cet âge à fon
bonheur ; & peut-être n'eft-il que celui-là d'affuré
dans la vie. Bientôt la jeuneffe arrive ; ce temps
fauffement vanté ; ce temps des paffions & des
larmes : oui, ma fille, j'écouterai pour toi les leçons de Rouffeau : fon éloquente bonté te répond
de mon indulgence : peut-être l'aurois-je trouvée

dans mon ame ; mais l'impression de ses sublimes ouvrages est si profonde, qu'on la confond avec celle
de la nature même : oui, je t'assurerai des jours de
bonheur, dans cet âge où l'imagination ne craint
rien de l'avenir, où le moment présent compose
toute la vie, où le cœur aime sans inquiétude, où
le plaisir se fait sentir, tandis que la peine est
encore inconnue. Le bonheur de l'enfant dépend
de sa mère : hélas ! un jour peut-être je te presse-
rai vainement contre mon sein ; mes caresses ne
feront plus renaître le calme dans ton ame. Jouis
de ces courts instans, d'une félicité qu'on cesse de
desirer en cessant de la goûter, & qui ne laisse après
elle ni regret ni repentir. Je ne veux point oublier
que la jeunesse succède à l'enfance, je ne veux
point que la première époque de la vie soit inutile
au reste de la tienne ; mais je veux la considérer
comme une partie de ces années que tu dois passer
sur la terre, & m'occuper d'elles pour elles. Si je
meurs avant d'avoir vu le succès de mes soins,
tu me devras du moins les beaux jours de ton enfance ; & ce doux souvenir te fera chérir ma mémoire & respecter le génie sublime qui raffermit
mon esprit dans la route que mon cœur étoit
impatient de suivre.

Rousseau n'a point voulu qu'Emile fût un homme
extraordinaire. Le génie & l'héroïsme font des
exceptions de la nature dont elle fait seule l'édu-

cation. Il l'a peint tel que tous les pères peuvent
efpérer de rendre leur fils, en fuivant le même
plan. Je me demanderois, pour juger de ce fyftéme,
s'il eft vrai que tous les effets naiffent des moyens,
& fi ces effets font defirables ? Or, il me femble
que l'enfant élevé fuivant les principes de Rouffeau
feroit Emile ; & qu'on feroit heureux d'avoir Emile
pour fils ! Je fuis loin d'adopter le fyftême d'Hel-
vétius, & d'attribuer à l'éducation feule, la diftance
de Voltaire aux autres hommes ! Les talens de
l'efprit font fans doute inégaux par la nature ;
mais les fentimens innés dans tous les cœurs peuvent être développés par l'éducation ; & je crois
qu'elle avoit prefque toujours une manière de
rendre ou plutôt de laiffer à l'ame fa bonté pri-
mitive. Pour un aveugle-né, combien ont perdu
la vue ! Je fais qu'il paroîtra peut-être extraordinaire d'adopter le fyftême de Rouffeau : on s'accorde pour admirer fon éloquence ; mais on a
trouvé fimple de croire que cette imagination fi
vive & fi féconde, cette ame fi paffionnée, avoit
acquitté la nature envers lui, & qu'un tel talent de
peindre ne pouvoit être uni à la jufteffe d'efprit
néceffaire pour tracer un plan utile. On a dit que
fes opinions étoient impraticables ou fauffes, afin
de le ranger dans cette claffe que les hommes médiocres même traitent avec dédain, ravis d'oppofer
le court enchaînement de leurs inconteftables idées

communes aux erreurs qui peuvent se rencontrer
dans la suite des pensées nouvelles d'un grand
génie. Moi, je ne crois pas qu'un ouvrage sur
l'éducation, dont le système est parfaitement suivi
depuis la première ligne jusqu'à la dernière, & qui
doit réveiller sans cesse tous nos sentimens & toutes
nos idées habituelles, pût intéresser, s'il fatiguoit
l'esprit par sa fausseté. Enfin, je vois adopter en
détail ce plan dont on rejette l'ensemble, & je
ne puis m'accoutumer à entendre juger le style
sans les pensées, comme si l'effet de l'un étoit séparé de l'impression des autres, & comme s'il ne
falloit pas au moins, quand tout le système ne
seroit pas juste, que les idées & les sentimens dont
l'éloquence se compose, le fussent toujours. J'a-
vouerai que pour me conformer à l'avis de la
multitude, qui ne veut pas croire vraies tant de
pensées neuves, vainement à chaque page j'étois
de l'avis de Rousseau ; à la fin du livre, je me disois :
c'est sûrement faux ; & j'attribuois à son talent seul,
la persuasion dont je ne pouvois me défendre ;
mais j'ai fini cependant, par m'en fier assez à la
réflexion, pour ne pas craindre les opinions même
que l'éloquence développe ; sans doute quand elle
s'aide du geste & de l'accent, elle peut, à la tête des
armées, dans une émeute populaire, entraîner les
hommes par tout ce qu'ils ont de sensible, & sus-
pendre leurs autres facultés ; mais dans la retraite,

lorfqu'aucune paffion ne nous aveugle, l'impreffion du talent refte, mais fon illufion difparoît.
Pourquoi, fi je trouve que l'auteur d'Emile a
raifon, préférerois-je d'adopter l'opinion que
je n'ai pas ? Pourquoi, pour me défendre de moi,
ne m'écouterois-je jamais, & pourquoi donc enfin,
effrayée par les jugemens des autres, prendrois-
je le corps pour l'ombre, comme l'enfant prend
l'ombre pour le corps ?

Rouffeau vouloit élever la femme comme l'homme
d'après la nature, & fuivant les différences qu'elle
a mifes entr'eux; mais je ne fais pas s'il faut tant la
feconder, en fortifiant, pour ainfi dire, les femmes
dans leur foibleffe. Je vois la néceffité de leur
infpirer des vertus que les hommes n'ont pas, bien
plus que celle de les encourager dans leur infé-
riorité fous d'autres rapports; elles contribueroient
peut-être au bonheur de leur époux, fi elles fe
bornoient à leur deftinée par choix plutôt que par
foibleffe, & fi elles fe foumettoient à l'objet de
leur tendreffe par amour plutôt que par befoin
d'appui. Une grande force d'ame leur eft néceffaire; leurs paffions & leur deftinée font en contrafte dans un pays où le fort impofe fouvent aux
femmes de la loi de n'aimer jamais, où, plus à
plaindre que ces pieufes filles qui fe confacrent à
leur Dieu, elles doivent accorder tous les droits
de l'amour, & s'interdire tous les plaifirs du cœur.

Ne faut-il pas un fentiment énergique de fes devoirs pour marcher ifolée dans le monde, & mourir fans avoir été la première penfée d'un autre, fans avoir fur-tout attaché la fienne fur un objet qu'on pût aimer fans remords?

Rouffeau, dira-t-on, ne s'occupoit pas des bizarres inftitutions de la vanité; il n'appuyoit pas un édifice qu'il eût voulu renverfer; mais pourquoi donc a-t-il peint fa Sophie trop foible même pour la plus heureufe fituation du monde? Comment, dans un morceau fublime d'éloquence, fupplément de fon ouvrage, a-t-il peint Sophie trahiffant fon époux? Il a condamné lui-même fon éducation, il l'a facrifiée au defir de faire valoir celle d'Emile, en donnant le fpectacle de fon courage dans la plus violente fituation du cœur. Comment a-t-il pu fe réfoudre à nous offrir Sophie au-deffous de tout, infidelle à ce qu'elle aime? C'eft plus que foible qu'il l'a montrée. Avoit-elle befoin de force? elle avoit époufé fon amant. Ah! pourquoi flétrir le cœur par la trifte fin de l'hiftoire d'Emile & de Sophie? pourquoi feconder ceux qui, ne croyant pas à la durée des fentimens, penfent qu'il eft égal de commencer ou de finir par ne pas s'aimer? pourquoi dégrader les femmes, en faifant tomber celle qui fembloit devoir être leur modèle? Ah! Rouffeau, c'eft mal les connoître; leur cœur peut les égarer, mais leur cœur fait les défendre: aucune

de celles même que la vertu feule n'arrêteroit
pas, unie à ton Emile, aimée par lui, n'auroit
changé la paix & le bonheur contre le défefpoir
& la honte; aucune, foible même, comme tu veux
les élever & les peindre, ne fe fût bannie du paradis
terreftre, en rompant les liens d'un hymen formé
par l'amour. Je ne fais pas s'il falloit montrer Emile
en proie aux plus cruelles infortunes. L'influence
de la vertu fur le bonheur, étoit un fpectacle plus
utile; il eft fans doute des peines dont elle ne
préferve pas; mais il en eft tant qu'elle épargne,
qu'il eft permis d'employer cet appât pour attirer
vers elle. Mais quel charme dans tous les tableaux
de cet ouvrage! quelle fineffe & quelle étendue
dans les idées! Tantôt l'auteur ajoute une penfée
nouvelle à un fujet qui fembloit épuifé, ou fait,
par une feule, ouvrir une carrière immenfe à la
réflexion. En voulant former un homme, il s'eft
néceffairement occupé de toutes les idées qui
peuvent entrer dans la tête. Quelle méditation cela
fuppofe, ou plutôt, quelle originalité dans l'écrivain
à qui tous les objets connus fe préfentent fous une
forme neuve & vraie, & qui trouve prefque toujours fon efprit dans la nature! C'eft une penfée
heureufe d'avoir donné à un traité d'éducation
la forme de l'hiftoire de fon élève. Rien n'eft
étranger au but; rien ne détourne de l'idée abftraite;
mais la penfée fe repofe, & l'attention eft entraînée.

Rouſſeau veut que des événemens de ſa vie gravent dans la tête de l'enfant les vérités qu'il doit apprendre. S'il faut lui donner l'idée des droits de la propriété, ſon travail eſt détruit par Robert, poſſeſſeur du champ dont il s'eſt emparé; le chagrin & la colère d'Emile impriment dans ſon eſprit le ſouvenir de l'explication qu'il a reçue. C'eſt par les ſentimens de ſon ame que Rouſſeau captive ſon intérêt; il traite de même le lecteur, & ſon ingénieuſe adreſſe emploie le même moyen pour élever l'enfant, & retenir l'attention des hommes. Les circonſtances les plus légères frappent l'imagination, & ajoutent, à la vérité, des tableaux. Les détails font peu d'impreſſion quand ils rappellent des circonſtances ou des perſonnes indifférentes; mais lorſqu'ils tiennent à de grands ſentimens, lorſqu'on a long-temps d'avance intéreſſé le lecteur pour Emile & pour Sophie, le cœur bat en les voyant lutter à la courſe enſemble, s'amuſer encore dans l'âge des paſſions de ces jeunes plaiſirs, & ſavoir unir la ſimplicité de l'enfance au charme de la jeuneſſe. Heureux par ce ſentiment qui fait une époque des événemens les plus ordinaires de la vie, Emile ne peut lutter dans ce combat inégal; il ſent ſa force; il aime la foibleſſe de Sophie, & la portant au but dans ſes bras, tombe à ſes pieds, & ſe reconnoît vaincu. Cette image raviſſante s'eſt ſouvent offerte à ma penſée. Rouſſeau, dans Héloïſe, avoit peint la paſſion

exaltée par le combat du remords, par l'ivreſſe
de la faute : le tableau de deux amans ignorant
le repentir & la crainte, s'aimant ſans que l'obſ-
tacle, ce beſoin des cœurs uſés, ſoit néceſſaire
pour les ranimer, & peut-être un auſſi grand effort
du talent ; la vérité, la juſteſſe y étoient encore
plus néceſſaires, & des ſons ſi doux pour émouvoir le cœur doivent bien y répondre. Je ſais
qu'on peut, avec raiſon, être frappé du mauvais
goût que Rouſſeau ſe permet quelquefois ; il ſe
plaît dans les contraſtes, & les fait par les mots
autant que par les idées : on pourroit blâmer un
tel ſyſtême ; la penſée doit voir les extrêmes, mais
non l'imagination ; l'impreſſion du dégoût qu'elle
en reçoit, ne rend pas la vérité plus ſenſible, &
déplaît inutilement. On a quelquefois accuſé Rouſſeau d'exagération & de fauſſe chaleur ; j'avouerai
qu'en ne trouvant pas toujours toutes ces idées
juſtes, en n'étant pas toujours ému par tous ces
mouvemens, il m'a paru conſtamment naturel ;
il diffère des autres, mais c'eſt pour lui, non pour
eux qu'il parle. On a pu le juger fou dans quelques paſſages, mais rien n'eſt plus loin de l'affec-
tion ; ſa folie, ſi l'on doit employer ce mot, eſt
l'exaltation de tout ce qui eſt bien ; ce ſont des
idées qui n'ont pas été, pour ainſi dire, raccor-
dées avec les hommes, mais qui ſeroient vraies
abſtraitement. Comment ne pas adopter ſon amour
pour

pour la vertu, fa paffion pour la nature; il ne l'a
pas peinte comme Virgile, mais il l'a gravée dans
le cœur; & l'on fe rappelle fes fentimens & fes
penfées en voyant les lieux qu'il a parcourus, les
fites qu'il préféroit.

Quel écrivain que Rouffeau ! On a fouvent
parlé du danger de l'éloquence; mais je la crois
bien néceffaire, quand il faut oppofer la vertu
à la paffion : elle fait naître dans l'ame ces mouvemens qui décident feuls du parti que l'on prend;
il femble que la raifon s'offre long-temps à l'efprit
avant que le cœur en reçoive l'impreffion; mais
lorfqu'il l'éprouve, on n'a plus befoin de réflexions; on va de foi-même, en eft entraîné; c'eft
l'éloquence feule qui peut ajouter cette force
d'impulfion à la raifon, & lui donner affez de
vie pour lutter à force égale contre les paffions;
mais, heureux Emile, fi celui qui veille fur fa
deftinée le préferve des combats avec lui-même,
& ne le place pas dans ces cruelles fituations qui
naiffent de la fociété, & s'oppofent à la nature !
Puiffe-t-il fuivre l'intention de la providence, qui
n'a rien ordonné à l'homme que pour fa félicité,
même fur cette terre, & ne lui fit une loi de la
vertu que pour affurer fon bonheur, en ne le
laiffant pas dépendre des bornes de fa propre in-
telligence, & fuppléer par l'obéiffance aux lumières
de fa raifon ! On reproche à Rouffeau de donner

D

trop tard à fon élève la connoiſſance d'un Dieu; cette vérité de fentiment pourroit être connue avant le développement des facultés de l'efprit. Je ne fais pas, cependant, fi ce fuperbe mot de l'énigme du monde ne frapperoit pas davantage celui qui ne l'apprendroit qu'en le concevant. On a fouvent remarqué que les merveilles de tous les jours n'excitoient plus notre étonnement. Une grande idée qu'un enfant met à fon niveau, qu'il rapproche de ce qu'il connoît, qu'il confond avec toutes les petites penſées de fon âge, eſt moins augufte à fes yeux que fi, pour la première fois, elle répandoit des torrens de lumières fur les ténèbres de l'univers. Rouſſeau croyoit à l'exiſtence de Dieu, par fon efprit & par fon cœur. Quelle eſt belle, fa lettre à l'archevêque de Paris ! Quel avantage la vraie philofophie n'a-t-elle pas fur la plupart des fectes religieufes, quand elle ne tente pas d'ébranler les éternelles bafes de toute croyance ! Quel chef-d'œuvre d'éloquence dans le fentiment, de méthaphyfique dans les preuves, que la profeffion de foi du vicaire favoyard ! Rouſſeau étoit le feul homme de génie de fon temps qui refpectât les pieufes penſées, dont nous avons tant de befoin ; il confulte l'inftinct naturel, & confacre enfuite toute la force de la réflexion à le prouver à fa raifon. La philofophie rejette ces perfuafions intimes, involontaires, qui ne font point nées du calcul & de la méditation de l'efprit. Mais, que j'aime mieux celui qui leur prête l'appui de fes penfées, tâche de les fortifier en moi, & loin d'oppofer ma raifon à mon inftinct, cherche à les réunir pour faire pencher la balance, & ceffer le combat ! La profeffion du vicaire favoyard étoit juftement admirée comme une fuite de raifonnemens forts & profonds, qui formoient un enfemble d'opinions que l'on adoptoit avec tranfport au milieu des égaremens des fanatiques & des athées. Mais cet ouvrage n'étoit que le précurfeur de ce livre, époque dans l'hiftoire des penfées, puifqu'il en a reculé l'empire; de ce livre qui femble anticiper fur la vie à venir, en devinant les fecrets qui doivent un jour nous être dévoilés; de ce livre que les hommes réunis pourroient préfenter à l'Etre fuprême, comme le plus grand pas qu'ils ont fait vers lui; de ce livre que le nom de fon auteur confacre en le mettant à l'abri du dédain de la médiocrité, puifque c'eft le plus grand adminiftrateur de fon fiècle, le génie le plus clair & le plus jufte, qui a demandé d'être écouté fur ce qu'on vouloit rejeter comme obfcur & comme vague, de ce livre dont la fenfibilité majeftueufe & fublime peint l'auteur aimant les hommes, comme l'ange gardien de la terre doit les chérir. Pardonne-moi, Rouffeau: mon ouvrage t'eft confacré, & cependant un moment un autre

eſt devenu l'objet de mon culte ! Toi-même, toi
ſur-tout, ſon cœur paſſionné pour l'humanité, eût
adoré celui qui, long-temps occupé de l'exiſtence
de l'homme ſur la terre, après avoir indiqué tous
les biens qu'un bon gouvernement peut lui aſſurer,
a voulu prévenir ſes plus cruels malheurs en portant du calme dans ſon ame agitée, & donner
ainſi la chaîne des penſées qui forment toute ſa
deſtinée. Oui, Rouſſeau ſavoit admirer, & n'é-
crivant jamais que pour céder à l'impulſion de
ſon ame, les vaines jalouſies n'entroient point dans
ſon cœur. Il auroit eu beſoin de louer celui que
je n'oſe nommer, celui dont je m'approche ſans
crainte, quand je ne vois en lui que l'objet de ma
tendreſſe; mais qui me pénètre plus que perſonne
de reſpect; quand je le contemple à quelque diſ-
tance; enfin, celui que la poſtérité, comme ſon
ſiècle, déſignera par tous les titres du génie, mais
que mon deſtin & mon amour me permettent
d'appeller mon père.

LETTRE IV.

Sur les ouvrages politiques de Rouſſeau.

DE tous les objets offerts à la méditation, la
conſtitution des gouvernemens eſt ſans doute le
plus important comme le plus difficile à connoître.

Le législateur qui sauroit former un corps politique, lier ses membres par un intérêt commun
& immuable, rassembler dans sa pensée tout ce
que le choc des passions des hommes, la réunion
de leurs facultés, l'influence des climats, la puissance des empires voisins pourroient jamais pro-
duire d'inconvéniens ou d'avantages ; celui qui
sauroit contenir & diriger par des loix faites
pour durer toujours, le peuple qui se seroit sou-
mis à son génie, auroit conçu le plus grand projet
que l'on puisse croire possible, & se seroit associé,
pour ainsi dire, à la gloire de la création du
monde, en donnant à ses habitans des loix uni-
verselles & nécessaires, comme celles de la nature ;
mais l'esprit humain n'a point fait en un moment
le pas immense de l'état sauvage à l'état civil ;
les idées se sont lentement développées ; les circonstances ont quelquefois fait naître des institu-
tions si heureuses, que la pensée doit en envier
la gloire au hasard. La plupart des gouvernemens
se sont formés par la suite des temps & des événemens, & souvent la connoissance de leur nature
& de leur principe a plutôt suivi que précédé
leur établissement. L'ouvrage donc qui nous fait
bien connoître les premières bases du contrat
social, qui fixe les vrais fondemens de toute puissance légitime, est aussi utile que digne d'admiration : tel est le plan & le but du livre de Rousseau;

il démontre qu'aucune convention ne peut sub-
sister, qui soumette l'intérêt général à l'intérêt
particulier; qu'il est insensé de croire qu'une nation
doive obéir à des loix qui sont contraires à son
bonheur, & que sans son consentement, aucun
gouvernement puisse être établi ni maintenu;
que la dépendance du plus fort, à l'égard du
plus foible, est contraire à la raison comme à la
nature, & qu'enfin l'idée d'un état despotique est
encore plus absurde que révoltante; mais ce gouvernement excepté, (les monstres ne sont pas
comptés parmi les hommes) il n'en est point que
Rousseau ne justifie; il remonte à l'origine de toute
autorité sur la terre, & prouve même que la monarchie établie par la volonté générale, fondée
sur des loix que la nation seule a le droit de chan-
ger, est un gouvernement aussi légitime & peut-
être meilleur que les autres. J'oserai blâmer
Rousseau, cependant, de ne pas regarder comme
libre la nation qui a ses représentans pour légis-
lateurs, & d'exiger l'assemblée générale de tous
les individus. L'enthousiasme est permis dans les
sentimens, mais jamais dans les projets; les dé-
fenseurs de la liberté doivent se préserver de
l'exagération. Ses ennemis seroient si heureux de
la croire impossible! le plan de l'ouvrage de Mon-
tesquieu, est sans doute plus étendu que celui
du contrat social; toutes les loix qui ont été faites

y font examinées, & mille biens de détail peuvent
réfulter encore de ce livre fi remarquable par les
idées générales ; mais Rouffeau ne s'eft occupé
que de la conftitution politique des états, de
celui qui a le pouvoir de donner des loix, non
des loix elles-mêmes. Montefquieu eft plus utile
aux fociétés formées, Rouffeau le feroit davantage à celles qui voudroient fe raffembler pour
la première fois ; la plupart des vérités qu'il développe font fpéculatives ; on doit, j'en conviens,
accorder plus d'admiration à celui qui crée un
fyftême, même imparfait, mais poffible, qu'au
philofophe qui, luttant contre la nature feule des
chofes, offre un plan fans défaut à l'imagination ;
mais peut-être faut-il avoir adminiftré foi-même,
pour renoncer au bien idéal, pour fe réfoudre à
placer le mieux, qu'on peut obtenir, à côté du
mal qu'on doit fupporter, pour fe borner à faire
lentement quelques pas vers le but qu'on atteint
fi rapidement par la penfée. Enfin, peut-être faut-
il avoir obfervé de près le malheur des peuples,
pour regarder encore comme une gloire fuffifante
le léger adouciffement que l'on apporte à leurs
maux. Qu'on place donc au-deffus de l'ouvrage
de Rouffeau, celui de l'homme d'état dont les
obfervations auroient précédé les réfultats, qui
feroit arrivé aux idées générales par la connoif-
fance des faits particuliers, & qui fe livreroit

D 4

moins en artiste à tracer le plan d'un édifice régulier, qu'en homme habile à réparer celui qu'il trouveroit construit. Mais qu'on accorde cependant un grand tribut de louanges à celui qui nous a fait connoître tout ce qu'on peut obtenir par la méditation, & qui s'étant saisi d'une grande idée, l'a suivie dans toutes ses conséquences, jusqu'à sa source la plus reculée. Rousseau emprunte la méthode des géomètres, pour l'appliquer à l'enchaînement des idées ; il soumet au calcul les problêmes politiques ; il me semble qu'il fait admirer également la force de sa tête, soit par ses raisonnemens, soit par la forme de ces raisonnemens mêmes. La conception de la haute métaphysique ne demande pas une puissance d'attention surnaturelle : comme les bornes n'en sont pas connues, la précision n'y est pas nécessaire ; mais quand on veut traiter d'une manière abstraite des sujets dont la base est réelle, c'est alors que toutes les facultés humaines peuvent à peine suffire pour s'élever sans perdre son objet de vue, & décrire dans le ciel le cercle qui doit être répété sur la terre. Mais ce n'étoit point assez d'avoir démontré les droits des hommes ; il falloit, & c'étoit surtout là le talent de Rousseau ; il falloit, dans tous ses ouvrages, leur faire sentir le prix qu'ils doivent y attacher. Peut-être est-il quelquefois impossible au génie de transmettre toutes ses idées à tous les efprits ; mais il faut qu'il entraîne par fon éloquence ; c'eft elle qui doit émouvoir & perfuader également tous les hommes. Les vérités auxquelles la penfée feule peut atteindre, ne fe répandent que lentement, & le temps eft néceffaire pour achever la perfuafion univerfelle ; mais les vérités de fentiment, ces vérités que l'ame doit faifir, malheur au talent qui n'enflamme pas pour elle à l'inftant qu'il les préfente !

Je l'ai aimée auffi, cette liberté qui ne met entre les hommes d'autre diftinction que celles marquées par la nature ; & m'exaltant avec l'auteur des lettres fur la montagne, je la voulois telle qu'on la conçoit fur le fommet des Alpes, ou dans leurs vallées inacceffibles. Maintenant un fentiment plus fort fans être contraire, fufpend toutes mes idées ; je crois, au lieu de penfer ; j'adopte, au lieu de réfléchir ; mais cependant je n'ai facrifié mon jugement qu'après en avoir fait un noble ufage : j'ai vu que le génie le plus étonnant étoit uni au cœur le plus pur, & à l'ame la plus forte ; j'ai vu que les paffions ni le caractère n'égareroient jamais les facultés les plus fublimes dont un homme ait été doué ; & après avoir ofé faire cet examen, je me fuis livrée à la fois, pour m'épargner la peine d'un raifonnement qui la juftifieroit toujours. Vous, grande nation, bientôt raffemblée pour confulter fur vos droits ; étonnée de vous retrouver après

deux fiècles, & peut faite encore, peut-être, à
l'exercice du pouvoir que vous avez obtenu de
nouveau, je ne vous demande pas ce fentiment
aveugle dont j'ai fait ma lumière ; mais ne vous
défiez pas de la raifon ; & puifque la fucceffion
d'événemens qui ont agité ce royaume, depuis
deux années, vous ont enfin amenée à dévoir au
progrès feul des lumières les avantages que les
nations n'ont jamais acquis que par des flots de
fang ; n'effacez point le fceau de raifon & de paix
que le deftin veut oppofer fur votre conftitution ;
& quand l'accord unanime vous permet de compter
fur le but que vous voulez atteindre, prétendez à la
gloire de l'obtenir fans l'avoir paffé. Et toi, Rouffeau, grand homme fi malheureux, qu'on ofe à
peine te regretter fur cette terre que tes larmes ont
tant de fois arrofée ! que n'es-tu le témoin du
fpectacle impofant que va donner la France, d'un
grand événement préparé d'avance, & dont, pour
la première fois, le hafard ne fe mêlera point !
c'eft-là, peut-être, c'eft-là que les hommes te paroîtront plu dignes d'eftime ! ou je me trompe,
ou nulle paffion perfonnelle ne doit maintenant les
animer. Ils ne mettront en commun que ce qu'ils
ont de célefte. Ah !... Rouffeau, quel bonheur pour
toi, fi ton éloquence fe fût fait entendre dans cette
augufte affemblée ! quelle infpiration pour le talent,
que l'efpoir d'être utile ! quelle émotion différente

quand la penfée ceffant de retomber fûr elle-même,
peut voir au-devant d'elle un but qu'elle peut atteindre, une action qu'elle produira ! les peines du
cœur feroient fufpendues dans de fi grandes circonftances ; l'homme occupé des idées générales difparoît à fes propres yeux. Renais donc, ô Rouffeau !
renais donc de ta cendre ! paroît, & que tes vœux
efficaces encouragent dans fa carrière celui qui part
de l'extrémité des maux, en ayant pour but la
perfection des biens ; celui que la France a nommé
fon ange tutélaire, & qui n'a vu dans fes tranfports
pour lui, que fes devoirs envers elle ; celui que
tous doivent feconder, comme s'ils fecouroient la
chofe publique ; enfin, celui qui devoit avoir un
juge, un admirateur, un concitoyen comme toi.

LETTRE V.

Sur le goût de Rouffeau pour la mufique & la botanique.

ROUSSEAU a écrit plufieurs ouvrages fur la mufique ; il aima toute fa vie cet art avec paffion.
Le Devin du village annonce même du talent
pour la compofition. Il vouloit faire adopter en
France les mélodrames ; il en donna Pygmalion
pour exemple ; peut-être ce genre ne devroit-il pas

être rejeté. Quand les paroles fuccèdent à la mufique, & la mufique aux paroles, l'effet des unes &
de l'autre eft plus grand ; elles fe fervent mieux
quand elles ne font pas forcées d'aller enfemble.
La mufique exprime les fituations, & les paroles
les dévelopent. La mufique pourroit fe charger de
peindre les mouvemens au deffus des paroles, &
les paroles des fentimens trop nuancés pour la mufique ; mais quelle éloquence dans le monologue de
Pygmalion ! comme l'on trouve vraifemblable que
la ftatue s'anime à fa voix ! comme l'on feroit tenté
de croire que les dieux ne font pour rien dans
ce miracle !

Rouffeau a fait pour plufieurs romances des
airs fimples & fenfibles, de ces airs qui s'allient
fi bien avec la fituation de l'ame, & que l'on peut
chanter encore quand on eft malheureux. Il en
eft quelques-uns qui me fembloient nationaux ;
je me croyois, en les entendant, tranfportée fur
le fommet de nos montagnes, lorfque le fon de
la flûte du berger fe prolonge lentement au loin,
par les échos qui fucceffivement le répètent. Ils
me rappelloient cette mufique plutôt calme que
fombre, qui fe prête aux fentimens de celui qui
l'écoute, & devient pour lui l'expreffion de ce
qu'il éprouve. Quel eft l'homme fenfible que la
mufique n'a jamais ému ? L'infortuné, lorfqu'il
peut l'écouter, obtient par elle la douceur de

répandre des larmes , & la mélancolie fuccède à
fon défefpoir ; pendant qu'on l'entend , fes fen-
fations fuffifent à l'efprit comme au cœur , & n'y
laiffent pas de vuide. Il eft des airs qui mettent
un moment dans l'extafe ; les raviffemens au ciel
font toujours précédés du chœur des anges. Que
la mufique retrace puiffamment les fouvenirs !
comme elle en devient inféparable ! Quel homme
agité par les paffions de la vie , entendit fans
émotion l'air qui dans fa p ifible enfance animoit
fes danfes & fes jeux ? Quelle femme , lorfque le
temps a flétri fa beauté , peut écouter fans verfer
des larmes , la romance que fon amant chantoit
jadis pour elle ? l'air de cette romance , plus encore
que fes paroles , renouvelle dans fon cœur les
mouvemens de fa jeuneffe ; l'afpect des lieux , des
objets qui nous entouroient , aucune circonftance
acceffoire ne fe lie aux événemens de la vie comme
la mufique ; les fouvenirs qui nous viennent par
elle ne font point accompagnés de regrets ; elle
rend un moment les plaifirs qu'elle retrace ; c'eft
plutôt reffentir que fe rappeller. Rouffeau n'aimoit
que les airs mélancoliques ; à la campagne , c'eft
ce genre de mufique que l'on fouhaite. La nature
entière femble accompagner les fons plaintifs d'une
voix touchante. Il faut avoir une ame douce &
pure pour fentir ces jouiffances. Un homme agité
par le fouvenir de fes fautes , ne pourroit fup-

porter la rêverie dans laquelle une musique sensible plonge. Un homme tourmenté par des remords déchirans, ne pourroit aimer à se rapprocher ainsi de lui-même, à distinguer tous ses sentimens, à les éprouver tous, lentement & successivement. Je suis portée à me confier à celui que la musique, les fleurs & la campagne ravissent. Ah ! le penchant au vice naît sans doute dans le cœur de l'homme ; car toutes les sensations qu'il reçoit par les objets qui l'environnent, l'en éloignent. Je ne sais ; mais souvent à la fin d'un beau jour, dans des retraites champêtres, à l'aspect du ciel étoilé, il me sembloit que le spectacle de la nature parloit à l'ame, de vertu, d'espérance & de bonté.

Rousseau s'est long-temps occupé de la botanique : c'est une manière de s'intéresser en détail à la campagne. Il avoit adopté un système qui prouve encore, peut-être, combien il trouvoit que le souvenir même des hommes gâtoit le plaisir que la contemplation de la nature fait éprouver. Il distinguoit les plantes par leur forme, & jamais par leur propriété ; il lui sembloit que c'étoit les dégrader, de ne les considérer que sous le rapport de l'utilité dont elles peuvent être aux hommes. Il ne me paroît pas, je l'avoue, que cette opinion doive être adoptée ; ce n'est pas avilir les ouvrages du Créateur que de les croire destinés à une cause finale, & le monde paroît

plus impofant & plus majeftueux à celui qui n'y
voit qu'une feule penfée ; mais l'imagination poétique & fauvage de Rouffeau ne pouvoit fupporter
de lier à l'image d'un arbufte ou d'une fleur,
ornement de la nature, le fouvenir des maux &
des infirmités des hommes. Avec quel charme il
peint, dans fes confeffions, fes tranfports en
revoyant de la pervenche ; comme elle lui retra-
çoit tout ce qu'il avoit éprouvé jadis ! elle pro-
duifoit fur lui l'effet de cet air que l'on défend
de jouer aux Suiffes hors de leur pays, dans la
crainte qu'ils ne défertent. Cette pervenche pouvoit lui infpirer la paffion de retourner dans le
pays de Vaux ; une feule circonftance femblable lui
rendoit préfens tous fes fouvenirs. Sa maîtreffe,
fa patrie, fa jeuneffe, fes amours ; il retrouvoit
tout, il reffentoit tout à la fois.

Sur le caractère de Rouffeau.

Je n'ai point commencé par peindre le caractère
de Rouffeau. Il n'a écrit fes confeffions qu'après
fes autres ouvrages ; il n'a follicité l'attention des
hommes pour lui-même, qu'après avoir mérité
leur reconnoiffance, en leur confacrant pendant
vingt ans fon génie. J'ai fuivi la marche qu'il m'a
tracée, & c'eft par l'admiration que fes écrits doi-

vent infpirer, que je me fuis préparée à juger fon
caractère, fouvent calomnié, fouvent peut-être
trop justement blâmé. Je cherche à ne pas le
trouver en contrafte avec fes ouvrages; je ne puis
réunir le mépris & l'admiration; je ne veux pas
croire, fur-tout, que dans les écrits, le fceau de
la vérité puiffe être imité par l'efprit, & qu'il
ne refte pas aux cœurs purs & fenfibles, des fignes
certains pour fe reconnoître. Je vais donc effayer
de peindre Rouffeau; mais j'en croirai fouvent fes
confeffions. Cet ouvrage n'a pas fans doute ce
caractère d'élévation qu'on fouhaiteroit à l'homme
qui parle de lui-même, ce caractère qui fait pardonner la perfonnalité, parce qu'on trouve fimple
que celui qui le poffède, foit important à fes
yeux comme aux nôtres; mais il me femble qu'il
eft difficile de douter de fa fincérité; on cache
plutôt qu'on n'invente les aveux que les confeffions
contiennent. Les événemens qui y font racontés,
paroiffent vrais dans tous les détails. Il y a des
circonftances que l'imagination ne trouveroit jamais. D'ailleurs, Rouffeau avoit un fentiment
d'orgueil qui répond de la vivacité de fes mémoires. Il fe croyoit le meilleur des hommes; il
eût rougi de penfer qu'il avoit befoin pour fe
montrer à eux, de diffimuler une feule de fes
fautes. Enfin, je trouve qn'il a écrit fes mémoires
plutôt pour briller comme hiftorien que comme
héros

héros de l'histoire. Il s'eſt plus occupé du por-
trait que de la figure ; il s'eſt obſervé ; il s'eſt
peint comme s'il s'étoit ſervi de modèle à lui-
même : je ſuis ſûre que ſon premier déſir étoit
de ſe faire reſſemblant. Je penſe donc qu'on peut
peindre Rouſſeau d'après ſes confeſſions, comme
ſi l'on avoit vécu long-temps avec lui ; car en
étudiant ce qu'il dit, on peut ſe permettre de
ne pas penſer comme lui. Le jugement d'un homme
ſur ſon propre caractère, le fait connoître, même
alors qu'on ne l'adopte pas.

Rouſſeau devoit avoir une figure qu'on ne
remarquoit point, quand on le voyoit paſſer,
mais qu'on ne pouvoit jamais oublier quand on
l'avoit regardé parler ; de petits yeux qui n'avoient
pas un caractère à eux, mais recevoient ſucceſ-
ſivement celui des divers mouvemens de ſon ame ;
ſes ſourcils étoient fort avancés ; ils ſembloient
faits pour ſervir ſa ſauvagerie, pour le garantir
de la vue des hommes. Il portoit preſque toujours
la tête baiſſée, mais ce n'étoit point la flatterie
ni la crainte qui l'avoit courbée ; la méditation
& la mélancolie l'avoient fait pencher comme une
fleur que ſon propre poids ou les orages ont
inclinée. Lorſqu'il ſe taiſoit, ſa phyſionomie
n'avoit point d'expreſſion ; ſes affections & ſes
penſées ne ſe peignoient ſur ſon viſage, que
quand il ſe mêloit à la converſation ; lorſqu'il gar-

E

doit le silence, elles se retiroient dans la profondeur de son ame ; ses traits étoient communs ; mais quand il parloit, ils étinceloient tous ; il ressembloit à ces dieux qu'Ovide nous peint quelquefois quittant par degrés leur déguisement terrestre, & se faisant reconnoître enfin aux rayons éclatans que lançoient leurs regards.

Son esprit étoit lent, & son ame ardente : à force de penser, il se passionnoit ; il n'avoit pas de mouvemens subits, apparens, mais tous ses sentimens s'accroissoient par la réflexion. Il lui est peut-être arrivé de devenir amoureux d'une femme, à la longue, en s'occupant d'elle pendant son absence ; elle l'avoit laissé de sang-froid ; elle le retrouvoit tout de flamme ; quelquefois aussi il vous quittoit vous aimant encore ; mais si vous aviez dit une seule parole qui pût lui déplaire, il se la rappelloit, l'examinoit, l'exagéroit, y pensoit pendant huit jours, & finissoit par se brouiller avec vous ; c'est ce qui rendoit presqu'impossible de le détromper. La lumière qui lui venoit tout-à-coup, ne détruisoit pas des erreurs si lentement & si profondément gravées dans son cœur. Il étoit aussi bien difficile de rester pendant long-temps très-lié avec lui ; un mot, un geste faisoit le sujet de ses plus profondes méditations ; il enchaînoit les plus petites circonstances comme des propositions de géométrie, & il arrivoit à ce

qu'il appelloit une démonftration. Je crois que
l'imagination étoit la première de fes facultés, &
qu'elle abforboit même toutes les autres. Il rêvoit
plutôt qu'il n'exiftoit, & les événemens de fa vie
fe paffoient dans fa tête plutôt qu'au dehors de
lui. Cette manière d'être fembloit devoir l'éloigner
de la défiance, puifqu'elle ne permettoit pas même
l'obfervation, mais elle ne l'empêchoit pas de
regarder, & faifoit feulement qu'il voyoit mal. Il
avoit une ame tendre : comment en douter, lorfqu'on a lu fes ouvrages? mais fon imagination fe
plaçoit quelquefois entre fes affections & fa raifon,
& détruifoit leur puiffance ; s'il paroiffoit quelquefois infenfible, c'eft qu'il n'appercevoit pas les
objets tels qu'ils étoient, & fon cœur eût été
plus ému que le nôtre, s'il avoit eu les mêmes
yeux que nous. Le plus grand reproche qu'on
puiffe faire à fa mémoire, celui qui ne trouvera
point de défenfeur, c'eft d'avoir abandonné fes
enfans ; eh bien! ce même homme eût été cependant capable de donner les plus grands exemples
d'amour paternel, d'expofer fa vie vingt fois pour
conferver la leur, s'il n'eût pas été convaincu qu'il
leur épargnoit les plus grands crimes en leur laiffant ignorer le nom de leur père ; s'il n'eût pas
cru qu'on vouloit en faire de nouveaux Séides.
L'indigne femme qui paffoit fa vie avec lui, avoit
appris affez à le connoître pour favoir le rendre

malheureux; & le récit qu'on m'a fait des rufes
dont elle fe fervoit pour accroître fes craintes,
pour le rendre certain de fes doutes, pour feconder fes défauts, eft à peine croyable. (1)

Rouffeau n'étoit pas fou, mais une faculté de
lui-même, l'imagination, étoit en démence; il
avoit une grande puiffance de raifon fur les ma-
tières abftraites, fur les objets qui n'ont de réalité
que dans la penfée, & une extravagance abfolue
fur tous ceux dont la mefure eft prife au dehors
de nous; il avoit de tout une trop grande dofe;
à force d'être fupérieur, il étoit près d'être fou.
C'étoit un homme fait pour vivre dans la retraite
avec un petit nombre de perfonnes d'un efprit
borné, afin que rien n'ajoutât à fon agitation inté-
rieure, & qu'il fût environné de calme. Il étoit
bon; les inférieurs l'adoroient; ce font eux qui
jouiffent fur-tout de cette qualité; mais Paris

_____

(1) Un Genevois qui a vécu avec Rouffeau pendant les
vingt dernières années de fa vie, dans la plus grande inti-
mité, m'a peint fouvent l'abominable caractère de fa femme.
Les follicitations atroces que cette mère dénaturée lui fit
pour mettre fes enfans à l'hôpital, ne ceffant de lui répéter
que tous ceux qu'il croyoit fes amis, s'efforceroient d'infpirer
à fes enfans une haine mortelle contre lui; tâchant enfin de
le remplir, par fes calomnies & fes feintes frayeurs, de
douleur & de défiance. C'eft une grande folie fans doute
d'écouter & d'aimer une telle femme; mais cette folie fup-
pofée, toutes les autres font vraifemblables,

l'avoit troublé. Il étoit né pour la fociété de la nature, & non pour celle d'inftitution. Tous fes ouvrages expriment l'horreur qu'elle lui infpiroit; il ne lui fut poffible, ni de la comprendre, ni de la fupporter; c'étoit un fauvage des bords de l'Orénoque, qui fe fût trouvé heureux de paffer fa vie à regarder couler l'eau. Il étoit né contemplatif, & la rêverie faifoit fon bonheur fuprême; fon efprit & fon cœur, tour-à-tour, s'emparoient de lui. Il vivoit dans fa penfée; le monde paffoit doucement fous fes yeux; la religion, les hommes, l'amour, la politique, l'occupoient fucceffivement; après s'être promené feul tout le jour, il revenoit calme & doux. Les méchans gagnent-ils à refter avec eux-mêmes? On ne peut pas dire cependant que Rouffeau étoit vertueux, parce qu'il faut des actions & de la fuite dans ces actions, pour mériter cet éloge; mais c'étoit un homme qu'il falloit laiffer penfer, fans en rien exiger de plus, qu'il falloit conduire comme un enfant, écouter comme un oracle; dont le cœur étoit profondément fenfible, & qu'on devoit ménager, non avec les précautions ordinaires, mais avec celles qu'un tel caractère exigeoit; il ne falloit pas s'en fier à fa propre innocence. Rouffeau avoit moins que perfonne le divin pouvoir de lire dans les cœurs; il falloit s'occuper de fe montrer ce qu'on étoit, de mettre en dehors ce qu'on fentoit pour lui. Je fais qu'on

E 3

dira que ce n'eſt pas là la plus noble manière d'aimer ; mais moi, je trouve qu'en ſentiment, il n'y a qu'une règle : c'eſt de rendre heureux l'objet de nos affections ; toutes les autres ſont plutôt inventées par la vanité que par la délicateſſe.

Rouſſeau a été accuſé d'hypocriſie, d'abord parce que dans ſes ouvrages on a trouvé qu'il ſoutenoit des opinions exaltées : tout ce qui eſt exagéré eſt faux, diſent ſouvent ceux qui veulent faire croire qu'on eſt plus loin du but en le paſſant qu'en n'y arrivant pas ; il y a des perſonnes exa-gérées à froid, ſi je puis le dire, qui ſans être entraînées par degrés, ſans y être amenées par la ſuite de leurs penſées, avancent tout-à-coup une opinion extrême, & ſe décident à la défendre : celles-là, c'eſt un parti qu'elles prennent, & non un mouvement qui les emporte ; d'autres, dans diverſes circonſtances de leur vie, ou dans les différentes ſituations qu'elles peignent dans leurs ouvrages, ne ſe ſentant pas l'accent du cœur, le prennent trop haut, dans la crainte de le man-quer ; celles-là peuvent être accuſées d'hypocriſie ; mais celui que le tranſport de ſon imagination & de ſon ame élève au-deſſus de lui-même, & ſur-tout, peut-être, au-deſſus de ceux qui le liſent, celui que ſon élan emporte, & qui ſent un mo-ment ce qu'il n'aura peut-être pas la force de ſentir toujours ; eſt-ce cet homme-là qu'on devroit accuſer d'hypocriſie? Ah! cette exaltation eſt le délire du génie ; mais écoutez - le encore ; il ſe pourroit que, quand on l'accuſe d'avoir paſſé le but, il n'eût fait que franchir les bornes ; cependant il faut blâmer Rouſſeau, s'il manque à cette modération, ſans laquelle on ne perſuade pas ceux qui croient que la chaleur de l'ame nuit à la juſteſſe de l'eſprit ; il faut le blâmer, s'il n'a pas ſenti que le mouvement moral n'eſt pas ſoumis aux loix du mouvement phyſique, & qu'il n'eſt pas beſoin de le donner plus fort qu'il ne faut, pour le communiquer au degré néceſſaire ; mais pourrois-je le trouver exagéré, ſi je partageois tous ſes ſentimens, & ſi j'adoptois toutes ſes opinions? On accuſe encore Rouſſeau d'hypocriſie, en comparant ſa conduite avec ſes principes : les actions naiſſent du caractère, & peuvent en donner l'idée ; mais les penſées viennent ſouvent par inſpiration ; & l'homme, enivré par l'eſprit divin qui l'anime, n'eſt plus lui-même, quoiqu'il ſoit plus vrai que jamais, & s'abandonne entièrement au ſentiment qu'il éprouve en écrivant. Il exiſte un petit nombre de morceaux d'éloquence, dont le caractère auguſte & meſuré, calme & ferme, ſimple & noble, prouve, ſans en pouvoir douter, que leur auteur a toutes les vertus dont il parle ; mais quand on ne trouveroit pas à Rouſſeau ce genre d'éloquence, quand il ſeroit vrai qu'il

E 4

défend les plus grandes, les plus belles, les
plus touchantes des vérités, avec un enthoufiafme
trop poétique, pourroit - on le foupçonner d'hy‑
pocrite ? Rouffeau hypocrite ! Ah ! je ne vois
dans toute fa vie qu'un homme parlant, écri‑
vant, agiffant involontairement ; fes actions ne
reffembloient pas à ces principes ; mais il fe ren‑
doit coupable en les appliquant fauffement plu‑
tôt qu'en les abandonnant. Il fembloit auffi quel‑
quefois que fon ame étoit épuifée par fes penfées,
& qu'elle n'avoit plus le reffort néceffaire pour agir.
Un homme qui l'a beaucoup vu, m'a peint fou‑
vent avec quelles délices il fe livroit au repos le
plus abfolu. Un jour ils fe promenoient enfemble
fur les montagnes de la Suiffe ; ils arrivèrent enfin
dans un féjour enchanteur ; un efpace immenfe fe
découvroit à leurs yeux ; ils refpiroient à cette
hauteur, cet air pur de la nature auquel le fouffle
des hommes ne s'eft pas encore mêlé. Le compa‑
gnon de Rouffeau efpéroit alors que l'influence de
ce lieu animeroit fon génie ; d'avance il l'écoutoit
parler ; mais Rouffeau fe mit tout-à-coup à jouer
fur l'herbe, comme dans fa première enfance ; heu‑
reux d'être libre de fes fentimens & de fes penfées,
il n'étoit tourmenté par aucune de fes facultés, &
ce fut peut-être un des plus doux momens de fa
vie. Ne le voit-on pas, dès fon enfance, dans une
forte d'égarement de méditation ? ne paroît-il pas
marcher comme un aveugle dans la vie, & juger

de tout par fes penfées plus que par fes obfervations ?

Il y a des traits dans fes confeffions, qui révol-
tent les ames nobles ; il en eft dont il infpire l'horreur lui-même par les couleurs odieufes dont fon
repentir les charge : fans doute quelques perfonnes,
en finiffant cette lecture , ont le droit de s'indigner
de ce que Rouffeau fe croyoit le meilleur de tous les
hommes ; mais moi, ce mouvement orgueilleux de
Rouffeau ne m'a point éloignée de lui ; j'en ai
conclu qu'il fe fentoit bon. Les hommes fe jugent
eux-mêmes, par leur caractère, plutôt que par
leurs actions ; & il n'y a que ce moyen de connoître un cœur fufceptible d'erreur & de folies.
Il eft extraordinaire que Rouffeau raconte les
fautes de tout genre qu'il a commifes ; mais fi ce
n'eft pas toujours feulement par franchife, c'eft
quelquefois, je penfe, un tour de force qu'il entre-
prend : il reffemble à ces bons écrivains, qui
effaient de faire un mot ignoble dans la langue.
J'avoue que je vois avec peine dans fes confeffions,
des torts qui tiennent aux habitudes de fa première
deftinée : mais l'élévation de l'ame eft peut - être
une qualité qu'une feule faute fait perdre ; elle naît
de la confcience de foi, & cette confcience fe
fonde fur la fuite de toute la vie : un feul fouvenir
qui fait rougir, trouble la noble affurance qu'elle
infpire , & diminue même le prix qu'on y attache.

De tous les vices, il eſt vrai, la baſſeſſe eſt celui
qui inſpire le moins d'indulgence ; l'excès d'une
qualité peut être l'origine de tous les autres : celui-
là ſeul naît de la privation de toutes ; mais quoiqu'il
y ait dans les mémoires de Rouſſeau quelques traits
qui manquent ſûrement de nobleſſe, ils ne me pa-
roiſſent d'accord ni avec ſon caractère, ni avec le
reſte de ſa vie. On ſeroit tenté de les prendre pour
des actes de folie, pour des abſences de tête ; ces
traits ſemblent en lui des bizarreries ; il n'eſt pas,
ſi l'on peut le dire, l'arbre des fruits qu'il porte :
c'eſt peut-être le ſeul homme qui ait été bas par
momens ; car c'eſt de tous ſes défauts le plus habituel. Ces diſtinctions paroîtront peut-être trop
ſubtiles pour le juſtifier : je ne ſais pas cependant
ſi dans les contraſtes étonnans dont les hommes
donnent ſans ceſſe l'exemple, il ne faut pas ap-
-prendre à les diſtinguer par des nuances fines ? Je
crois auſſi que quand on trouve dans la vie d'un
homme des mouvemens & des actions d'une bonté
parfaite, lorſque ſes écrits reſpirent les ſentimens
les plus nobles & les plus vertueux ; lorſqu'il poſ-
ſède un langage dont chaque mot porte l'empreinte de la vérité, on lui doit de chercher le
ſecret de ſes torts, de tenir à l'admiration qu'il
avoit inſpirée, de la retirer lentement. Enfin les
caractères vertueux, comme les caractères vicieux,
ſe reconnoiſſent mieux par des traits de détails,

que par des actions d'éclat. La plupart des hommes, en bien comme en mal, peuvent être une
fois différens d'eux-mêmes.

Soit qu'on entende parler de Rousseau à ceux
qui l'ont aimé, soit qu'on lise ses ouvrages, on
trouve dans sa vie, comme dans ses écrits, des mouvemens, des sentimens, qui ne peuvent appartenir
qu'aux ames pures & bonnes. Quand on le voit
aux prises avec les hommes, on l'aime moins;
mais dès qu'on le retrouve avec la nature,
tous ses mouvemens répondent à notre cœur, &
son éloquence développe tous les sentimens de
notre ame. Comme son séjour aux Charmettes est
peint délicieusement! comme il étoit heureux dans
la paix de la campagne! Les jeunes gens desirent
ordinairement le mouvement; ils appellent vivacité
le besoin qu'ils en ont; mais les ames vraiment
ardentes le redoutent: elles prévoient ce qu'il en
coûte pour quitter le repos; elles sentent que le
feu qu'on allume peut dévorer: mais Rousseau,
paisible dans sa retraite, n'éprouvoit point le desir
d'exercer son génie; rêver, aimer, suffisoit à ses
facultés. Aimer, quel que fût l'objet de sa ten-
dresse, c'étoit sur cet objet qu'il plaçoit ses chimères: ce n'étoit pas à madame de Warens, c'étoit
à l'amour qu'il songeoit: ses sentimens ne le tour-
mentoient pas; il n'étudioit pas dans les regards

de fa maîtreffe le degré de paffion qu'il lui infpiroit ; c'étoit une perfonne à aimer qu'il lui falloit. Madame de Warens, fans s'en mêler, faifoit
fon bonheur. Peut-être eft-il vrai qu'un grand-
homme, dominé par le génie de la penfée, que
Rouffeau fur-tout, n'a jamais éprouvé une paffion
qui vînt uniquement du cœur : elle l'auroit diftrait,
elle n'auroit pas fervi fon imagination. Il falloit
que les facultés de fon efprit fuffent pour quelque
chofe dans fes fentimens ; il falloit qu'il eût befoin
de douer fa maîtreffe : une femme parfaite auroit
été fa meilleure amie, mais non l'objet de fon
amour. Je fuis certaine qu'il n'a jamais fait que
des choix bizarres ; je fuis certaine auffi que Julie
eft la perfonne du monde dont il a été le plus épris ;
c'étoit un homme qui ne pouvoit fe paffionner
que pour des illufions ; heureux fi elles n'euffent
pas troublé fon cœur avec plus de violence que
la réalité même ! Il étoit né bon, fenfible & con-
fiant ; mais lorfque cette cruelle folie de l'injuftice & de l'ingratitude des hommes l'eût faifi,
il devint le plus malheureux de tous les êtres :
ces momens fi doux de fa jeuneffe, qu'il peignoit
avec tant de charmes, ne fe renouvellèrent plus ;
fes rêveries étoient des efpérances ; fes rêveries
devinrent des regrets. A Turin autrefois, un figne
de fa jeune maîtreffe raviffoit fon cœur ; & mainte-

nant le falut d'un vieux invalide, qui femble ne
pas le haïr, eft le feul bien qu'il envie (1). Mais
rappellez-vous combien, dans fa jeuneffe, il efti-
moit les hommes! s'il a plus changé qu'un autre,
c'eft qu'il s'attendoit moins aux premières lumières
qu'il fut forcé de recevoir. Eh! qui donc perd
fans douleur l'aveugle bonté de fa jeuneffe? qui
donc perd fans douleur les riantes efpérances,
la douce confiance du premier âge de la vie?
Rouffeau n'a pu le fupporter : mais quelle eft
l'ame fenfible dont le cœur fe refferre fans peine,
& dont l'imagination ne fe décolore pas avec
regret?

L'on a fouvent accufé Rouffeau d'être né ingrat;
mais je ne fais pas s'il eft vrai que fon éloigne-
ment pour les bienfaits en foit une preuve. Peut-
être eft-il des cœurs qui fentent trop ce qu'exige
la reconnoiffance, pour fe foumettre à la devoir
à ceux qu'ils n'aiment pas ; peut-être en eft-il
auffi qui trouvent plus de charmes dans le fentiment, lorfqu'il naît d'un attrait invincible, d'un

---

(1) On fe fouvient du tableau charmant que Rouffeau fait
dans fes confeffions, de madame Bafile, marchande à Turin,
qui lui fit figne avec le doigt dans une glace, de fe mettre à
genoux devant elle; & dans fon dialogue infenfé de *Jean-
Jacques avec Rouffeau*, du tranfport qu'il éprouva lorfqu'un
vieux invalide le falua, *n'étant pas encore entré*, dit-il, *dans
la conjuration générale contre moi.*

choix volontaire, qu'aucun devoir ne commande.
On peut craindre que la reconnoiffance n'infpire
pas affez d'attachement pour ceux qui nous étoient
indifférens ; on peut craindre qu'elle ne fe mêle
trop aux fentimens que nous éprouvons pour nous
amis ; enfin , ce fier amour de l'indépendance me
paroît noble , s'il s'applique aux étrangers , & délicat s'il regarde les objets de nos affections. Heureux celui qui n'a jamais eu befoin des autres que
par le cœur, qui ne s'eft foumis que parce qu'il
aimoit, & fur qui perfonne, excepté les auteurs
de fes jours , n'eut jamais d'autres droits que ceux
qu'ils reçurent de fa tendreffe ! Rouffeau , il eft
vrai , en fe faifant un fyftême de fes principes ,
avoit le ridicule de toutes fes qualités , & fouvent même le tort dont elles approchent alors qu'on
les exagère : mais l'oftentation même de cette
haine pour les bienfaits a de tels avantages, les
preuves qu'il faut en donner font fi claires & fi
rares, qu'on pourroit fans danger fe permettre
aujourd'hui d'exciter en ce genre la vanité des
hommes. (1)

On a reproché à Rouffeau , car celui que toutes
les ames fenfibles devoient défendre comme leur

_____

(1) Eft-il poffible de ne pas admirer la noble fierté avec
laquelle le pauvre Rouffeau de Genève refufa conftamment
la penfion que le roi d'Angleterre lui offroit ?

propre caufe, a trouvé bien des accufateurs ; on
a reproché à Roufleau d'avoir le defir de fe fin-
gularifer ; eft-ce celui qui obtenoit à fon gré la
palme de la gloire , qui pouvoit fouhaiter defe figna-
ier par des bizarreries ? & quand la fupériorité de
fon génie le rendoit fi extraordinaire, peut-on croire
qu'il cherchoit à l'être par une originalité puérile ?
Il vouloit, dit-on , fe faire remarquer de toutes
les manières poffibles ; & jamais homme n'a tant
aimé la folitude ! voyez comme il étoit heureux
pendant le temps qu'il paffa dans l'île Saint-Pierre !
Séjour charmant ! afyle délicieux ! c'eft-là que
l'ame de Roufleau erre encore ! c'eft dans les
lieux qui excitèrent fes penfées , qu'il faut aller
rendre hommage à fa mémoire : que les ames
fenfibles conçoivent aifément le bonheur qu'on
goûtoit dans cette retraite ! Roufleau s'y livroit
à fes profondes méditations ; mais d'autres auroient pu s'y abandonner à leurs rêveries ; & tandis qu'il réfléchiffoit fur le temps, le monde &
la vie, une femme malheureufe eût laiffé le calme
de la nature pénétrer doucement jufqu'à fon
cœur.

Les hommes font peut-être plus faits pour la
folitude qu'ils ne penfent. Vers le milieu de la
vie, on pourroit s'y trouver heureux ; on ne feroit
plus attiré dans le monde par l'efpérance, on porteroit dans la retraite des fouvenirs qui rempli-

roient la penſée, & la mort ſeroit encore trop
éloignée pour ſentir le beſoin de s'entourer de
vivans.

Rouſſeau fuyoit ce qu'on appelle la ſociété,
mais il aimoit les payſans; & le mouvement que
la vue des hommes répand dans la campagne lui
plaiſoit. Les habitans de l'île Saint-Pierre l'adoroient; ils étoient frappés de ſa bonté. Les malheureux ſont ſi doux dans un moment de repos!
Rouſſeau, ravi des ſimples mœurs de ces payſans,
s'abandonnoit de nouveau à ſa première eſtime
pour les hommes; il les retrouvoit ſemblables à
l'idée qu'il s'en étoit faite. Il montroit pour les
enfans une prédilection extrême; il avoit tant
beſoin d'aimer, que ſon cœur s'y livroit quand
l'objet ſeulement ne s'y oppoſoit pas! Pourquoi
donc, dans les jardins d'Ermenonville, ne fut-il
pas heureux comme dans l'île Saint-Pierre? pourquoi donc, hélas! eſt-ce dans ce ſéjour qu'il a
terminé ſa vie? Ah! vous qui l'accuſiez de jouer
un rôle, de feindre le malheur, qu'avez-vous dit
quand vous avez appris qu'il s'eſt donné la mort (1)?

___

(1) On ſera peut-être étonné de ce que je regarde
comme certain que Rouſſeau s'eſt donné la mort. Mais le
même Genevois dont j'ai déjà parlé, reçut une lettre de lui
quelque temps avant ſa mort, qui ſembloit annoncer ce
deſſein. Depuis, s'étant informé avec un ſoin extrême de

C'eſt

C'est à ce prix que les hommes lents à plaindre les autres croient à l'infortune. Mais qui put inspirer à Rousseau un dessein si funeste? C'est, m'a-t-on dit, la certitude d'avoir été trompé par la femme qui avoit seule conservé sa confiance, & s'étoit rendue nécessaire en le détachant de tous ses autres liens. Mais peut-être aussi que les longues rêveries finissent par plonger dans le désespoir. Les premiers jours sont ravissans; l'on se trouve, l'on jouit de ses sentimens & de ses pensées; mais peut-on fixer long-temps la destinée de l'homme, sans tomber dans la mélancolie? mais sur-tout y a-t il des têtes assez fortes pour supporter la vie inactive & la contemplation habituelle. Rousseau accroissoit par la réflexion toutes

---

ses derniers momens, il a su que le matin du jour où Rousseau mourut, il se leva en parfaite santé, mais dit cependant qu'il alloit voir le soleil pour la dernière fois, & prit, avant de sortir, du café qu'il fit lui-même. Il rentra quelques heures après; & commençant alors à souffrir horriblement, il défendit constamment qu'on appellât du secours & qu'on n'avertît personne. Peu de jours avant ce triste jour, il s'étoit apperçu des viles inclinations de sa femme pour un homme de l'état le plus bas: il parut accablé de cette découverte, & resta huit heures de suite sur le bord de l'eau dans une méditation profonde. Il me semble que si l'on réunit ces détails à sa tristesse habituelle, à l'accroissement extraordinaire de ses terreurs & de ses défiances, il n'est plus possible de douter que ce grand & malheureux homme n'ait terminé volontairement sa vie.

F

les idées qui l'affligeoient ; bientôt un regard, un
geste d'un homme qu'il rencontroit, un enfant qui
s'éloignoit de lui, lui parurent de nouvelles preuves
de cette haine universelle dont il se croyoit l'objet :
mais, malgré cette cruelle défiance, il est toujours
resté le meilleur des hommes. Il croyoit que tout
ce qui l'environnoit conspiroit à lui faire du mal,
& jamais la pensée de le rendre ou de le prévenir
n'est entrée dans son ame. Il se croyoit destiné à
souffrir, & n'agissoit pas contre sa destinée. J'ai vu
des hommes qu'il avoit aimés, dont il s'étoit séparé,
s'attendrir au souvenir de leur liaison, s'accuser de
négligences qui avoient pu faire naître les soupçons
de Rousseau, l'aimer dans son injustice, regarder
enfin le genre de folie qui le tourmentoit comme
étrangère à lui, comme une barrière qui empêchoit
de se rapprocher, mais non de souhaiter de le re-
joindre. Les défians, tels qu'on les voit dans le
monde, apprennent à juger les hommes d'après ce
qu'ils sont eux-mêmes; ils se craignent dans les autres : mais Rousseau n'étoit défiant que parce qu'il
ne croyoit plus au bonheur, parce qu'il avoit été
tellement convaincu de la parfaite bonté des hommes, que, forcé de n'y plus croire, rien ne lui pa-
roissoit plus certain sur la terre : il l'étoit aussi, parce
que sa sublime raison sur les plus grands sujets ne
l'empêchoit pas d'être dominé par une idée insensée,
de penser qu'il étoit détesté par tous les hommes.

Ah! que je trouve durs ceux qui difent qu'il falloit
bien de l'orgueil pour fe croire ainfi l'objet de l'attention univerfelle ! Quel trifte orgueil, que celui
qui le portoit à penfer qu'il n'exiftoit pas fur la terre
un être qui ne reffentît de la haine pour lui ! Ah !
pourquoi n'a-t-il pas rencontré une ame tendre, qui
eût mis tous fes foins à le raffurer, à relever fon
courage abattu ; qui l'eût aimé profondément ? il
eût fini par le croire : le fentiment auquel l'amour-
propre ni l'intérêt ne fe mêlent point, eft fi pur, fi
tendre & fi vrai, que chaque mot le prouve ; chaque
mouvement ne permet plus d'en douter. Ah ! Rouffeau, qu'il eût été doux de te rattacher à la vie,
d'accompagner tes pas dans tes promenades foli-
taires, de fuivre tes penfées, & de les ramener par
degrés fur des efpérances plus riantes ! Que rarement on fait confoler les malheureux ! qu'on fe met
rarement au ton de leur ame ! on oppofe fa raifon
à leur égarement, fon fang-froid à leur agitation, &
leur confiance s'arrête, & leur douleur fe retire plus
avant encore dans leur cœur. Ne cherchez pas à
leur prouver qu'ils n'ont pas de vrais fujets de peines ; offrez-leur plutôt quelques nouveaux moyens
de bonheur : laiffez-les croire à l'infortune qu'ils
fentent : les confolerez-vous en leur apprenant que
le malheur qui les accable n'eft pas digne de pitié ?
Ah ! fi la perte d'un objet paffionnément aimé eût
caufé la trifteffe de Rouffeau, je ne m'affligerois

pas de ce qu'il a péri fans confolations, de ce qu'un
être fenfible ne lui a pas confacré fa vie! Quelles
paroles d'efpérance peut-on faire entendre à celui
qu'un femblable malheur a frappé ? que fait-il fur
la terre, qu'attendre la mort? quelles expreffions
de tendreffe peut-on lui adreffer? un autre les a
prononcées : il s'en fervoit pour un autre ; elles le
font treffaillir de douleur. Quelle fociété vaut pour
lui le fouvenir qui ne quitte pas fon cœur? quelles
jouiffances pourroît-il avoir fans fentir le regret de
les éprouver feul? Non, à ce malheur, quand le
cœur en connoît l'étendue, la providence ou la
mort peuvent feules fervir de confolation. Mais le
défefpoir de Rouffeau fut caufé par cette fombre
mélancolie, par ce découragement de vivre, qui
peut faifir tous les hommes ifolés, quelle que foit
leur deftinée. Son ame étoit flétrie par l'injuftice ;
il étoit effrayé d'être feul, de n'avoir pas un cœur
près du fien, de retomber fans ceffe fur lui-même,
de n'infpirer ni de reffentir aucun intérêt, d'être
indifférent à fa gloire, laffé de fon génie, tourmenté
par le befoin d'aimer, & le malheur de ne pas l'être.
Dans la jeuneffe, c'eft du mouvement qu'on cherche, c'eft de l'amour qu'il faut ; mais vers le déclin
de la vie, que ce befoin d'aimer eft touchant !
qu'il prouve une ame douce & bonne, qui veut
s'ouvrir & s'épancher, que la perfonnalité fatigue,
& qui demande à fe quitter pour vivre dans un

autre ! Rouſſeau étoit auſſi tourmenté par quelques
remords ; il avoit beſoin de ſe ſentir aimé pour
ne pas ſe croire haïſſable. Être deux dans le monde,
calme tant de frayeurs ! les jugemens des hommes
& de Dieu ne ſurprendront pas ſeul. Rouſſeau s'eſt
peut-être permis le ſuicide ſans remords ; il ſe
trouvoit ſi peu de choſe dans l'immenſité de l'univers ! on fait ſi peu de vuide à ſes propres yeux,
quand on n'occupe pas de place dans un cœur qui
nous ſurvit, qu'il eſt poſſible de compter pour
rien ſa vie. Quoi ! l'auteur de Julie eſt mort pour
n'avoir pas été aimé ! Un jour, dans ces ſombres
forêts, il s'eſt dit : *Je ſuis iſolé ſur la terre, je*
ſouffre, je ſuis malheureux, ſans que mon exiſtence
ſerve à perſonne : je puis mourir. Vous qui l'accuſiez
d'orgueil, ſont-ce des ſuccès qui lui manquoient ?
n'en pouvoit-il pas acquérir chaque jour de nouveaux ? Mais avec qui les eût-il partagés ? qui en
auroit joui pour l'en faire jouir ? Il avoit des admi-
rateurs, mais il n'eut pas d'amis. Ah ! maintenant
un inutile attendriſſement ſe mêle à l'enthouſiaſme
qu'il inſpire ! ſes ouvrages, ſi remplis de vertus,
d'amour de l'humanité, le font aimer quand il n'eſt
plus ; & quand il vivoit, la calomnie retenoit éloigné
de lui ; elle triomphe juſqu'à la mort, & c'eſt tout ce
qu'elle demande. Que le ſéjour enchanteur où ſa
cendre repoſe, s'accorde avec les ſentimens que
ſon ſouvenir inſpire ! cet aſpect mélancolique pré-

pare doucement au recueillement du cœur que
demande l'hommage qu'on va lui rendre. On ne
lui a pas élevé en marbre un faſtueux mauſolée ;
mais la nature ſombre, majeſtueuſe & belle , qui
environne ſon tombeau, ſemble un nouveau genre
de monument qui rappelle & le caractère & le génie
de Rouſſeau : c'eſt dans une île que ſon urne funé-
raire eſt placée : on n'en approche pas ſans deſſein,
& le ſentiment religieux qui fait traverſer le lac qui
l'entoure , prouve que l'on eſt digne d'y porter ſon
offrande. Je n'ai point jeté des fleurs ſur cette triſte
tombe ; je l'ai long-temps conſidérée les yeux bai-
gnés de pleurs ; je l'ai quittée en ſilence, & je ſuis
reſtée plongée dans la profondeur de la rêverie.
Vous qui êtes heureux, ne venez pas inſulter à ſon
ombre ! laiſſez au malheur un aſyle où le ſpectacle
de la félicité ne le pourſuive pas. On s'empreſſe de
montrer aux étrangers qui ſe promènent dans ces
bois, les ſites que Rouſſeau préféroit, les lieux où
il ſe repoſoit long-temps, les inſcriptions de ſes
ouvrages, d'Héloïſe ſur-tout, qu'il avoit gravées
ſur les arbres ou ſur les rochers. Les payſans de
ce village ſe joignent à l'enthouſiaſme des voya-
geurs par des louanges ſur la douceur, ſur la bien-
faiſance de ce pauvre Rouſſeau. *Il étoit bien triſte*,
diſoient-ils, *mais il étoit bien bon*. Dans ce ſéjour
qu'il a habité, dans ce ſéjour qui lui eſt conſacré,
on dérobe à la mort tout ce que le ſouveuir peut lui

arracher ; mais l'impreſſion de ſa perte n'en eſt que
plus terrible : on le voit preſque, on l'appelle, &
les abymes répondent. Ah ! Rouſſeau, défenſeur
des foibles, ami des malheureux, amant paſſionné
de la vertu, toi qui peignis tous les mouvemens
de l'ame, & t'attendris ſur tous les genres d'infortune ; digne à ton tour de ce ſentiment de com-
paſſion, que ton cœur ſut ſi bien exprimer & reſ-
ſentir, puiſſe une voix digne de toi s'élever pour
te défendre ! & puiſque tes ouvrages ne te garan-
tiſſent pas des traits de la calomnie, puiſqu'ils ne
ſuffiſent pas à ta juſtification, puiſqu'on trouve des
ames qui réſiſtent encore aux ſentimens qu'ils inſ-
pirent pour leur auteur, que l'ardeur de te louer
enflamme du moins ceux qui t'admirent !

Les larmes des malheureux effacent chaque jour
les ſimples inſcriptions que l'amitié fit graver ſur
la tombe de Rouſſeau. Je demande que la reconnoiſſance des hommes qu'il éclaira, des hommes
dont le bonheur l'occupa toute ſa vie, trouve
enfin un interprète ; que l'éloquence s'arme pour
lui, qu'à ſon tour elle le ſerve. Quel eſt le grand
homme qui pourroit dédaigner d'aſſurer la gloire
d'un grand homme ? Qu'il ſeroit beau de voir dans
tous les ſiècles cette ligue du génie contre l'envie !
que les hommes ſupérieurs, qui prendroient la dé-
fenſe des hommes ſupérieurs qui les auroient précédés, donneroient un ſublime exemple à leurs

fucceffeurs ! le monument qu'ils auroient élévé, ferviroit un jour de piédeftal à leur ftatue ! Si la calomnie ofoit auffi les attaquer, ils auroient d'avance mis en défiance contre elle, émouffé fes traits odieux; & la juftice que leur rendroit la poftérité, acquitteroit la reconnoiffance de l'ombre abandonnée dont ils auroient protégé la gloire.

F I N.

LETTRE de Madame la Comtesse Alexandre
DE VASSY, à Madame la Baronne
DE STAEL, sur le livre intitulé : Lettres
sur les ouvrages & le caractère de J. J. Rousseau.

ROUSSEAU, en mourant, a laissé, Madame, à
ceux qui l'entouroient le souvenir de ses vertus &
l'amour de sa gloire : voilà mes titres pour parler
des Lettres que vous avez écrites sur lui ; cet ouvrage, fait pour être distingué, excitera vivement
la curiosité du Public & la satisfera. Malheur à celui
qui, après la lecture de ce livre, n'éprouvera pas,
pour l'auteur, le sentiment dont vous êtes pénétrée
pour Rousseau. Mais, Madame, on vous a trompée,
en vous disant qu'*il s'est donné la mort* ; & cette
erreur que vous accréditez, peut avoir des conséquences si dangereuses par leur effet, si fâcheuses
pour la mémoire de Rousseau, que je crois remplir
un devoir sacré en me hâtant de la détruire. Un
homme tel que lui appartient à l'univers, ses pré-
ceptes persuadent, ses exemples entraînent.

La mort de Rousseau est si touchante, si belle,
si sublime, c'est une si grande leçon qu'un grand

G

homme, aux prifes avec la douleur, recevant avec
reconnoiffance les foins qu'on lui rend, & voyant
arriver, fans effroi, le moment prefcrit pour fa
deftruction ; cet exemple eft fi frappant pour moi,
qui en ai été prefque témoin, que je ne puis voir
fans douleur, accufer Rouffeau d'une action qui
étoit loin de fon cœur, & en contradiction avec
fes principes.

Non, Madame, Rouffeau n'a point terminé
volontairement fa vie, le détail que vous rapportez
des circonftances qui précédèrent fes derniers momens, n'eft point exact ; Rouffeau ne pouvoit pas
être inftruit de l'infidélité de fa femme ou du moins
de la perfonne à laquelle il avoit accordé la grace
d'en porter le nom, puifque ce n'eft que plus d'un
an après la mort de Rouffeau qu'elle a eu des torts
affez graves pour ne pouvoir plus refter à Ermenonville.

Les preuves que je m'offre à vous donner, madame, font la copie du procès-verbal fait par les
chirurgiens, le témoignage de mon père, celui de
M. le Begue de Prefle, ami intime de Rouffeau, &
qui étoit à Ermenonville à cette fatale époque ;
enfin une relation qui contient les détails les plus
circonftanciés de ce malheureux événement.

Votre attachement pour la mémoire de Rouffeau
vous rend digne d'entendre la vérité ; le mien
m'impofe la loi de la dire. Je ne vous demande

point d'excufes pour une lettre que fon motif juftifie.

J'ai l'honneur d'être, Madame, votre très-humble, très-obéiffante fervante,

DE GERARDIN, Comteffe
Alexandre DE VASSY.

REPONSE de Madame DE STAEL, à la Lettre de Madame la Comteffe Alexandre DE VASSY.

UN Genevois, fécrétaire de mon père, Madame, & qui a paffé la plus grande partie de fa vie avec Rouffeau; un autre, nommé *Mouton*, homme de beaucoup d'efprit, & confident de fes dernières penfées, m'ont affuré ce que j'ai écrit; & des lettres que j'ai vues de lui, peu de temps avant fa mort, annonçoient le deffein de terminer fa vie, voilà ce qui peut excufer mon erreur, car c'eft ainfi que j'appelle une opinion que vous combattez. Je penfois à joindre votre lettre à celles que j'ai écrites fur Rouffeau, mais quelques mots de bonté qui s'y trouvent, m'ont fait craindre qu'on ne me foupçonnât de m'être plus occupée de publier votre

suffrage que de justifier Rousseau. Est-ce le justifier,
en effet, & jugerez-vous sévèrement une faute
qui porte avec elle-même une si grande excuse,
le malheur qui peut y entraîner? Vous, Madame,
qui n'êtes environnée que de gens qui vous aiment,
ces profondes douleurs ne peuvent vous être connues; mais vous avez un cœur qui doit les concevoir & les pardonner. Je crois donc que, si je
me suis trompée, je n'ai pas fait tort à la mémoire de Rousseau; d'ailleurs, cet ouvrage connu
seulement de mes amis, ne mérite pas de la corri-
ger, ce seroit lui donner une importance qu'il
ne peut avoir, & qu'il n'aura jamais. Agréez,
Madame, mes remerciemens, pardonnez-moi de
n'avoir pas, comme je l'aurois desiré, rendu hommage au grand homme que vous avez aimé. Si
je lui avois connu ce bonheur, j'aurois été certaine qu'il n'avoit pas quitté volontairement la vie.

J'ai, &c.

NECKER, Baronne DE STAEL.

www.ingramcontent.com/pod-product-compliance
Lightning Source LLC
Chambersburg PA
CBHW070855280326
41934CB00008B/1454